CHRONOS

Juan Manuel Carneros

La derrota y el azar

europa
ediciones

© 2025 Europa Ediciones | Madrid

www.grupoeditorialeuropa.es

ISBN 9791256961290

I edición: octubre del 2025

Distribuidor para las librerías: **CAL Málaga S.L.**

Impreso para Italia por *Rotomail Italia S.p.A. - Vignate (MI)*

Stampato in Italia presso *Rotomail Italia S.p.A. - Vignate (MI)*

Imagen de cubierta: «…el regreso y el éxodo…», Carmen Bustamante, 2024.

La derrota y el azar

*A mis compañeras y compañeros de travesía,
con el mayor de mis agradecimientos*

«*La gente que hoy vive acobardada por el miedo a envejecer desaparecerá sin haber tenido tiempo de recordar, que es como morir sin haber vivido, como regresar sin haber viajado.*»

Mauricio Wiesenthal, *El esnobismo de las golondrinas*, 2007

Casida Preludio

Una vida sin pereza
Con su dosis de coraje,
Una vida sin maleza
Con abundante follaje,
De Ceuta su fortaleza
El Estrecho su paraje.
De Málaga su belleza
Por su Costa de viaje.
De Sevilla su grandeza
De El Puerto su maridaje.
De Jaén su gran Baeza
Y su peinado paisaje.
Entre la proa y la popa
Babor y estribor de guardia,
A bordo toda la tropa
Poniendo rumbo a Canarias.
Gran Canaria nos espera
Con Toninas dando saltos,
Guaguas en las carreteras
Y los Magos en el campo.
Su playa de Las Canteras,
Su hermoso parque Doramas,
Su volcánica Caldera
A la que llaman Bandama.
Levantaremos el vuelo,
Subiremos a Artenara,
«Tempestad petrificada»
Y Roques rozando el cielo.

Entre la proa y la popa
Habrá que cambiar de tipo,
Ya no somos una tropa
Ahora somos un equipo,
Y ponemos rumbo a Europa.
Allí nos espera Cádiz,
Su tesón y su osadía,
Dando nombre a una Ciudad
A un Golfo y a una Bahía.
Y en América a un poblado
Que estimo yo muy notable,
Pues en el vino a nacer
El Grandísimo Clark Gable.
De América casapuerta,
Con sus Torres Miradores
Sus baluartes alerta,
Su Mentidero, Las Flores
Y sus cantes de ida y vuelta.
Que decir de su Bahía,
Con su Isla y con sus Puertos
Con su luz y su armonía,
Y ese palo del flamenco
Al que llaman Alegría.
Y nos queda lo imponente,
Lo sé de primera mano,
Con Levante y con Poniente,
Ese Golfo Gaditano
Que baña dos Continentes.

Capítulo 1

Nacer en el Estrecho

Cuando pienso en mi historia, y en cómo contarla, en mi mente no se configuran líneas del tiempo, sino cartografías. Será porque soy un apasionado de la geografía y la toponimia, o porque coincido con miradas como la que Joan Blaeu expresa de manera contundente en la introducción a su emblemático *Atlas Maior*: «Se me ocurre que quienes consideran la historia como el ojo de la perspicacia política y la geografía como el ojo y la verdadera luz de la historia dan en el clavo. Porque, tanto grandes acontecimientos como los sucesos menores necesitan un lugar en el que producirse y uno solo sabe de los lugares gracias a la geografía».

También los acontecimientos personales necesitan un lugar en el que producirse y el devenir de una vida no está desconectado de los territorios por lo que se mueve. En mi vida he transitado un largo derrotero, he desembarcado en varios puertos, y cada uno de ellos me ha modificado. No podría hablar de mis etapas vitales — o de mis decisiones y azares— sin describir las características y límites de los paisajes que las acogieron.

Curiosamente, o no, mi historia se enraíza con un lugar en el que la geografía y la mitología se dan la mano, como sucede en pocos otros: el Estrecho de Gibraltar, el Estrecho de Las Columnas.

Según la mitología, Hércules separó los pilares, en otro tiempo, con perpetuo yugo juntos, y así el océano, que por la grandeza de los montes estaba fuera, fue recibido en los lugares que ahora inunda, como documentó Pomponio Mela:

«Deinde est mons prealtus, ei, quem ex adverso Hispania attolit, objectus: hunc Abylam, illum Calpen vocant, columnas Herculis utrumque. Addit fama nominis fabulam, Herculem ipsum junctos olim perpetuo jugo diremisse Colles, atque ita exclusum antea mole montium Oceanum, ad quae nunc inundat admissum.»[1]

Los historiadores estiman que en el siglo XI a.n.e. se produjo la llegada de los Fenicios al Estrecho. Estos atrevidos viajeros alcanzaron su hazaña bordeando la costa africana del Mediterráneo y, considerados como la primera potencia marítima de su tiempo, aportaban como gran novedad viajar con abecedario.

«¿Quiénes eran aquellos navegantes siriacos que se aventuraron a navegar a vela a lo largo de todo el Mediterráneo, hasta las columnas de Hércules y más allá de ellas? No fueron los filisteos, a pesar de su sangre minoica; estos volvieron la espalda al mar y lucharon una

<hr>

[1] De Situ Orbis, de Pomponio Mela, libro I, cap. 5º

batalla perdida por las fértiles llanuras de Esdrelon y el Sefela contra combatientes más fuertes que ellos; los israelitas de la comarca montañosa de Efraín y Judá. Los descubridores del Atlántico fueron los fenicios de Tiro y Sidón», explica Arnold J. Toynbee, en el *Estudio de la Historia*. Para ellos el Estrecho y sus Columnas debieron representar un hito geográfico clave, a la par que un punto estratégico para el comercio.

Como todo explorador que se precie, su primera tarea fue dar nombre a lo descubierto.

Si no sabes como se llama, es que no has estado; si has estado y no sabes como se llama, ponle nombre.

Así es que le dan el nombre Abyla a la columna situada en la costa sur del Estrecho (hoy Yebel Musa), y Calpe a la situada en la costa norte (hoy Peñón de Gibraltar). Ambas se prolongan en el mar, acabando en Punta (Punta es la singular manera que los Andaluces tienen de llamar a los Cabos): a la punta de Abyla llaman Almina, a la punta de Calpe llaman Europa.

El origen de dichos topónimos nos confirma la paternidad fenicia:

ABYLA, la actual Raphana, situada al norte de Jordania, a orillas del Mar de Galilea, cercana a Tiro. Una de las ciudades que conformaban la confederación de la Decápolis.

ALMINA, nombre del Puerto de Tiro, del que partió la flota, hoy patrimonio de la Humanidad.

CALPE, palabra Fenicia que se traduce como columna.

EUROPA, Princesa de Tiro, hija de los reyes Agenor y Telefasa.

Siempre he pensado que el Continente, Europa, debe su nombre a este hecho. La historia del toro parece fruto de la perspicacia política.

15

Hoy el Estrecho ocupa el eje central de la Reserva de la Biosfera Intercontinental del Mediterráneo que fue creada por la Unesco en 2006. La reserva gestiona más de un millón de hectáreas de ambas orillas. En la Península Ibérica abarca parte de las provincias de Cádiz y Málaga y en la Península Tingitana abarca parte de las provincias de Tánger, Larache, Tetuán y Xauen.

La riqueza que comparten ambas orillas, tanto a nivel botánico como en cantidad de especies marinas, deviene en gran medida de la posición de frontera zoológica y servir como ruta migratoria de aves entre dos continentes.

Considero que haber nacido con vistas al Estrecho fue un privilegio que fomentó mi apertura y atracción hacia la exploración y la diversidad. Y, a decir verdad, que mi nacimiento y mis primeros años de vida hayan tenido lugar en Ceuta, es consecuencia del derrotero de otros aventureros que me precedieron.

En el año 1906, en la ciudad española de Algeciras, provincia de Cádiz, tuvo lugar una conferencia internacional en la que trece naciones europeas, junto con Marruecos, se reunieron para tomar una decisión que cambiaría el destino del país norteafricano: se sancionó la pérdida de su independencia y se legitimó la intervención de Francia y España para ocupar Marruecos con el objetivo de protegerlo. Francia asumió la responsabilidad sobre el sur de Marruecos, mientras España tomó el control del norte, estableciendo su capital administrativa en Tetuán. Poco después, en 1920, se emprendió la ampliación del Puerto de Ceuta, con la ambición de convertirlo en el eje portuario del protectorado.

Estos acontecimientos no tardaron en despertar expectativas en la muy cercana Andalucía, una región del sur de la Península Ibérica a la que el historiador Manuel

Alvar define como: «Un prodigio de plenitudes históricas, una de las regiones más esplendorosas de España, más rica en paisajes, más variada en costumbres, más generosa en la grandeza de sus hombres». En aquellos tiempos, primera década del siglo XX, sus dos grandes zonas vinícolas, Málaga y Jerez, fueron golpeadas por la crisis de la filoxera, plaga severa que destruyó muchos viñedos en Europa y arrasó con la industria del vino.

Ante tal situación no fueron pocos los empresarios, comerciantes, artesanos y profesionales que decidieron emprender el viaje, convencidos de que al otro lado del Estrecho los aguardaba un futuro prometedor. En medio de ese torbellino se encontraban mis abuelos. A finales de 1927 emprendieron el viaje los paternos, José e Isabel, originarios de Villanueva del Rosario, provincia de Málaga, con sus tres hijos, Diego, Manuel y Rafaela. Mi padre tenía 16 años. Se establecieron en el Morro, una zona en aquel tiempo en expansión en las inmediaciones de donde hoy se ubica el Estadio Alfonso Murube, adquirieron una vivienda donde montaron una tienda de comestibles, que recuerdo contaba en un patio interior con un horno para repostería, que elaboraba mi abuela y ponían a la venta, uno de mis dulces recuerdos.

A mediados de 1928 emprendieron viaje los maternos, Juan Manuel y Emilia, procedentes de Baeza, provincia de Jaén, con sus cuatro hijos, Juana, Pilar, Gregoria y Francisco. Mi madre, la mayor de los hijos, contaba 11 años. Mi abuelo, maestro panificador, se estableció en Calle Canalejas 21, donde adquirieron una finca en la que ubicaron una tahona. El edificio, que contaba con planta baja, dos plantas y azotea, hacía también las veces de residencia familiar. En esta casa les nació, en 1930, el quinto hijo, mi adorable tía Emilia.

Mis padres se conocieron en 1937 y contrajeron matrimonio en 1940. Establecieron su domicilio en la calle General Gautier, frente a la Mezquita de Sidi Embarek, en la vivienda anexa a la casa en la que habían establecido el negocio.

En 1942, la casa de mis abuelos maternos fue testigo de la llegada de mi hermano. En agosto de 1945 falleció mi abuelo Juan Manuel y mi abuela se hizo cargo del negocio. Pilar, Gregoria, Francisco y Emilia se involucraron en la gestión y la actividad continua con normalidad. Dos años más tarde, en agosto de 1947, formaron el comité de bienvenida, con el que fui recibido en esa misma casa el día en que mi madre me dio a luz, al clarear el día, con aromas de pan recién hecho. Y no me cabe la menor duda de que allí también estaban mi padre y mi hermano, cinco años mayor que yo; dada su pasión por el mar, imagino a mi padre tomándome en brazos, acercarse al balcón y enseñarme el Estrecho, un Estrecho que él navegó innumerables veces como Radiotelegrafista de la Armada, durante nuestra contienda civil.

Breve historia del estrecho

El Estrecho y su entorno, cuyas referencias más antiguas se encuentran en la Biblia y en historiadores como Heródoto, Polibio y Posidonio, atesoran una densa y rica historia, fruto de su estratégica posición y germen, sin lugar a dudas, de ese Universo de Complejidades que es Andalucía.

En mi opinión, su excepcional valor le hace candidato a ser considerado Patrimonio Histórico de la Humanidad.

Partiendo de la base de que el primer Neanderthal del que tuvimos noticia, HOMO CALPICUS, fue encontrado en el Estrecho, el acontecimiento tuvo lugar el año 1848 en una cueva del Peñón de Gibraltar, se puede asegurar que la zona ha estado habitada desde tiempos inmemoriales.

En el siglo VII a. C. hubo en Ceuta un asentamiento fenicio, que posteriormente perteneció al imperio Cartaginés.

La región fue anexionada por el Imperio Romano en el 42 d.c., pasando a formar parte de la Diócesis de Hispania, siendo considerada Ceuta como la Hispania Transfretana.

Posteriormente formó parte de la Hispania visigoda.

En el 534 Ceuta fue conquistada por el Emperador bizantino Justiniano I.

En el 615 recuperada por Sisebuto para la Hispania Visigoda.

«En el 711 la impetuosidad musulmana llegaba, sin haber agotado sus fuerzas, a las costas de África que están frente a España y jefes y soldados no podían apartar su mirada de esas opulentas tierras únicamente separadas de ellos por un estrecho de algunas leguas. Muza entonces estaba al frente de las tropas africanas del califa de

Damasco, los relatos que diariamente le hacían los del lugar, en particular aquellos que mantenían frecuentes relaciones con la costa vecina, no paraban de alabar sus encantos y sus infinitos recursos.» «España, decían, es otra Siria por la belleza del cielo y la fecundidad de su tierra. Otro Yemen, otra Arabia feliz por la dulzura de su clima, otra India por sus perfumes y flores, otro Hegiaz por la abundancia de sus frutos y de sus productos», escribió Antoine de Latour en La Bahía de Cádiz, publicaciones de la Diputación de Cádiz

En la Edad Media los reinos cristianos de la península se aprestan a recuperar el terreno.

En 1415 Juan I de Portugal conquista Ceuta.

Al mando de la flota va su hijo Henrique, más conocido por Enrique el Navegante.

«No Esmeraldo de Duarte Pacheco a costa africana é cuidadosamente descrita. Ceuta precedeu todas as ciudades da Mauritania e Tingitania e parte das de Hispania em nobreza e riqueza no tempo de sua prosperidade. Aquy he ho principio das terras de Africa; muito fértil de pam, vino, fruitas, carnes, pescarias de desuairadas naçoes de peixes, e otras muitas cousas dinas de grande louvor».[2]

En 1580, tras la muerte del Rey de Portugal Don Sebastián en la batalla de Alcazarquivir, el Reino de Portugal es heredado por Felipe II. Ceuta mostró su lealtad a Felipe II.

En 1640 se restablece la monarquía en Portugal, Ceuta decidió seguir perteneciendo al reino de España, siendo rey Felipe IV.

---

[2] Vitorino Magalhaes Godinho, *A Expansao Quatrocentista Portuguesa*, publicaçoes Dom Quixote, 2007.

Capítulo 2

El Gen Viajero

Con seis años inicié mi formación primaria. Corría el año 1953 y mis padres escogieron el Colegio de los Padres Agustinos para este fin, lo que para mí fue un regalo. El Colegio, en el que ya estaba mi hermano, se encontraba cerca de la casa de mi abuela, que se encargaba de llevarme y recogerme.

Aquel recorrido cogido de su mano forma parte de mis mejores recuerdos. Por si fuera poco también me regalaba pasar tiempo en su casa, en mi rincón preferido: el balcón de la habitación en la que vine al mundo, con vistas al Estrecho, con el espigón del muelle Alfau en primer término, la posibilidad de ver amerizar hidros en su dársena y el constante ir y venir de barcos, con el Peñón en el horizonte. Cuando esperábamos familia procedente de la Península era obligado asomarse a ver entrar en el Puerto «La Paloma», cariñoso nombre con el que se denominaba al barco de pasajeros que hacía la travesía.

Partiendo de la base de que el gen viajero viene de serie en nuestra especie, puedo decir que para activar el mío, me bastó una dosis de paisaje marino, cuidado con los estrechos que llevan sobredosis.

Escuché en una ocasión a un almirante de la Armada decir que, desde el punto de vista estratégico, para la Marina Española, el Estrecho empieza en Baleares y acaba en Canarias.

Geográficamente los límites del Estrecho lo señalan Cabo Negro y Punta Chullera en el Mediterráneo y Cabo Espartel y el Tómbolo de Trafalgar en el Atlántico.

Para mi padre, marino voluntario, empezaba en La Bahía de Cádiz, y acababa en la Isla de Alborán, su zona de patrulla, y creo que no es casual que los personajes que cito a continuación hayan activado su gen viajero en ese ámbito:

POMPONIO MELA. Geógrafo latino nacido en Julia Traducta, hoy Algeciras, autor de *De Situ Orbis*.

ABU M. AL IDRISI. Geógrafo nacido en Ceuta. Autor de *Il libro de Ruggero*, que compendió el conocimiento geográfico de la época.

IBN BATTÜTA. Gran viajero, nacido en Tánger. Autor de *A través del Islam*, un clásico de las letras árabes.

LUCIO M COLUMELA. Botánico, nacido en Gades, hoy Cádiz. Autor de *De Rustica* y *De Arboribus*. Una de las figuras más destacables del mundo hispano-romano.

CELESTINO MUTIS. Botánico, nacido en Cádiz. Autor de *El Arcano de la Quina*. En 1783 se inició bajo su dirección la Real Expedición Botánica al Virreinato de Nueva Granada, la actual Colombia. PUBLIO ELIO ADRIANO. UN EMPERADOR VIAJERO, nacido en Itálica, provincia de Sevilla. Más de la mitad de los veinte años que estuvo al frente del Imperio lo hizo alejado de Roma. Se sabe que cruzó el estrecho en varias ocasiones.

El tiempo no se detiene, como era de esperar, llegó 1956 y, tal y como fue acordado en La Conferencia de Algeciras en 1906, Marruecos recuperó su independencia. Ceuta, logísticamente hablando, vio alterar su hinterland. Mi padre, natural de la provincia de Málaga, con la que nunca perdió el contacto, dedicado al comercio al por mayor, planeó volver a la Península pensando quizás más en sus hijos que en su negocio; por otra parte, también entiendo que él quisiera volver al lugar del que había salido siendo adolescente, y ya sabía, por experiencia propia, lo acertado del pensamiento del filósofo español Julián Marías cuando dice: «Cuando se está en Andalucía, se tiene la impresión de que las propias posibilidades aumentan; el contorno no solo es bello, es prometedor, seductor, amistoso, incitante: el escenario adecuado para una vida feliz».

Nos trasladamos a Málaga en el verano de 1959. Yo, con 12 años recién cumplidos, acababa de cursar el primer año de bachiller en el Colegio de los Padres Agustinos de Ceuta.

Visto con la perspectiva que da el tiempo, el traslado fue un acierto, quizás lo hicimos en un momento convulso, pero ¿cuál no lo es? Lo que sí puedo asegurar, es que la experiencia adquirida en aquellos vaivenes me ha sido útil.

Málaga nos recibió con su proverbial belleza, hospitalidad y buen clima. Su ubicación nos permitía mantener el contacto con la familia que dejábamos en Ceuta, tanto si íbamos a verlos, como si eran ellos quienes nos visitaban, lo que hacían con frecuencia. Por otra parte, los contactos con la familia que vivía en la península se hicieron más frecuentes. Pensemos que en aquellos tiempos la movilidad y los medios con los que contábamos, distaban mucho de los que hoy disfrutamos. Mi padre adquirió una vivienda unifamiliar, ubicada en la calle Arrebolado, barrio de la Trinidad, que servía de vivienda y almacén. Lindaba con una panadería, buena señal. El local de venta al público lo instaló en calle Olózaga esquina Sebastián Souviron, en las inmediaciones del mercado de Atarazanas, Puerta del Mar, calle Alhóndiga y Hoyo Esparteros, casco histórico de Málaga, zona, en aquellos tiempos, donde solían concentrarse los que llegaban a la capital, procedentes de los pueblos de la provincia, para hacer sus compras y/o resolver asuntos administrativos.

Creo que mi interés por la toponimia se despertó en aquella época, el callejero de Málaga me parecía historia en estado puro. Tanto para mi hermano como para mí, el traslado supuso ampliar sensiblemente nuestros horizontes.

Mi hermano terminó en Málaga sus estudios de Magisterio, cumplió con el requisito de las oposiciones para ejercer como maestro, año 1963, siendo su primer destino la campaña de alfabetización que se llevaba a cabo en aquel tiempo en pueblos de la Axarquía, provincia de Málaga.

Al finalizar la campaña de alfabetización, en régimen ordinario, fue destinado a Nerja, en el año 1966, y allí ejerció como maestro durante su vida laboral, excepto el tiempo en que, dedicado a la política, fue concejal de Cultura del Ayuntamiento de Nerja, luego de haber sido elegido en 1979 durante las primeras elecciones municipales en la entonces naciente democracia en España. En Nerja conoció a quien sería su mujer, Rafaela, también maestra. Se casaron en 1967 y, como fruto de ese enlace, tengo cuatro sobrinos, pura combinación de arte y talento.

Amigo de los viajes, mi hermano debió fomentar a su gen viajero en el mismo balcón en el que yo activé el mío. De Punta Europa a Cabo Norte pocos son los países que no le vieron llegar con su prole y su inseparable caravana.

Por lo que a mí respecta, el camino estaba trazado, al existir en Málaga un Colegio de PP Agustinos solo hubo que cambiar la matrícula, lo que sin duda favoreció mi adaptación.

De los seis años que estuve, cinco para completar el bachiller y uno para cursar el preuniversitario, solo tengo buenos recuerdos. Formé parte del equipo de atletismo e incluso participé, el año de la despedida, de las representaciones teatrales en el salón de actos del Colegio y en el Teatro Cervantes de Málaga. A día de hoy, transcurridos 60 años, aún mantengo contacto con compañeros de entonces.

Capítulo 3

Eligiendo un rumbo

Mauricio Wieshental, en su libro *El esnobismo de las golondrinas*, asegura que «la gente que sabe adónde quiere ir no suele llegar muy lejos». Mi acervo cultural, el heredado, ya me tenía al corriente. Siendo niño, una de las tareas que se daba con frecuencia en casa, en el día a día, consistía en acudir al muelle, bien para recibir a alguien o para despedir al que partía. Yo hacía lo posible por participar en el recibimiento, ello me ponía al corriente de los asuntos familiares. Cuando yo formaba parte del grupo, bien de los que partían o de los que llegaban, me sentía importante; también interesaban mis opiniones.

La incorporación, en la década de los cincuenta, de los ferris Victoria y Virgen de África a la flota que cubría el servicio de travesía del Estrecho, facilitó sobre manera el viaje a la península, ya que empezó a ser habitual viajar con el coche. Los caballas[3] se subían al barco con la misma soltura con la que se subían a la Camioneta[4]. Aún conservo aquella predisposición a iniciar un viaje. Me ha sido útil a la hora de emprender nuevas actividades y al momento de asumir nuevas responsabilidades: suelo tardar poco en preparar la maleta.

---

[3] *Caballa*: gentilicio coloquial de los nacidos en Ceuta, reconocido por la RAE.

[4] *Camioneta*: nombre con el que los más antiguos del lugar llaman al autobús. Su origen coincide con los primeros años del Protectorado, fechas en las que se utilizaban camiones para el transporte de viajeros.

El año 1964, cursando el preuniversitario, se produjo en Málaga uno de los azares que marcaron el derrotero de mi vida: el anuncio de apertura de la Escuela de Turismo. Esta novedad enseguida llamó mi atención, analicé con detalle la información curricular que llegó a mi poder, así como las distintas salidas laborales, y descubrí que realmente me atraía. Contaba a su favor que requería tan solo tres años de estudios y superar una reválida en la Escuela Oficial de Turismo en Madrid.

La alternativa era la Universidad, pero ello conllevaba el desplazamiento bien a Granada o Sevilla, cinco años de estudio y opciones con las que no me sentía identificado.

Me faltaba la opinión familiar, la de mi hermano, que ya ejercía como maestro, la de mi madre y la de mi padre. La respuesta fue unánime: si te gusta, adelante.

De entre el grupo de compañeros que estudiamos preuniversitario —éramos 40—, solo dos optamos por estudiar Turismo.

La carrera me resultó enormemente enriquecedora. Estaba diseñada con una orientación muy práctica, pensada para dotarnos de las herramientas y los conocimientos necesarios para gerenciar un negocio dentro del complejo mundo del turismo, ya fuera hotel, agencia de viajes o cualquier otra iniciativa relacionada con el sector. Me atraía especialmente esa conexión directa con un mundo en constante movimiento, lleno de intercambios, de idiomas y de culturas.

Jugaron a nuestro favor detalles que no habíamos contemplado. En primer lugar, formar parte de la primera promoción de la Escuela de Turismo de Málaga, capital de la Costa del Sol, una ciudad referente en el mundo del turismo, hecho que la favorecía para ser sede de congresos y eventos diversos, a los que en ocasiones solían invitarnos y/o solicitar nuestra colaboración. Otro de los factores fue que el año de apertura de la Escuela coincidió con la apertura, en la vecina y simpar Granada, de la estación de esquí de Sierra Nevada, la más meridional de Europa.

Del claustro de profesores, recuerdo con particular aprecio sus integrantes, en especial a José Manuel Pérez Estrada —director de la Escuela y profesor de Derecho—, Joaquín Carranza Oviedo —profesor de Historia del Arte—, y Bernardo Zulaica Beltrán de Lubiano —profesor de Teoría y Técnica del Turismo—.

En segundo año de carrera, curso 65/66, los compañeros me eligieron delegado de clase y comencé a ocuparme de las relaciones con la dirección de la Escuela.

Como es de rigor celebramos el paso del ecuador, los que tengan buena memoria recordarán que lo celebramos en el emblemático Hotel Miramar, el 14 de mayo.

En julio del 66 me desplace a Canarias para asistir al curso sobre «Problemas socioeconómicos y técnicos del desarrollo turístico», que organizó el Instituto de Estudios Turísticos. El curso, de dos semanas de duración, tuvo dos sedes: la primera semana en Santa Cruz de Tenerife y la segunda en Las Palmas.

En el tercer año de carrera, curso 66/67, me eligieron como delegado de la Escuela, y apoyado por un increíble equipo, en el que destacaba la figura de mi amigo y compañero Andrés Campos, celebramos, en la Residencia del Tiempo Libre de Marbella, la primera asamblea de delegados de escuela de turismo de España. Previamente, Andrés y yo, con objeto de exponer nuestro proyecto y recabar los apoyos y la colaboración necesaria, habíamos visitado algunas escuelas de turismo, entre otras Madrid, Zaragoza y Universidad de Deusto en Bilbao, en esta última, tras la reunión, los compañeros nos invitaron a almorzar, para el recuerdo de los que allí estuvimos quedó la anécdota de las nécoras en Plencia. Con el entusiasmo de todos, surgió la idea de fundar la Asociación Nacional de Estudiantes Técnicos de Empresas Turísticas (ANETET) y crear una revista (TECTUR).

Estábamos en el último año de carrera, no nos podíamos despedir sin hacer «turismo». El viaje fin de carrera nos llevó durante un mes a recorrer la Península Ibérica.

Para completar la fiesta, el 3 de junio del 67' nos despedimos con una cena en el Hotel Málaga Palacio, recién inaugurado, bailando *La Polola*.

A decir verdad, no me despedí de todos, pues allí estaba Manoli y seguimos viéndonos; un mes más tarde ya éramos pareja.

El primer número de Tectur, en el que participé como redactor, vio la luz en enero de 1968.

Ese primer número, que contó la colaboración de artículos firmados entre otros por Ramón Castilla Perez, José Manuel Perez Estrada, Bernardo Zulaica, Francisco Cerdán, y Antonio Castillo, contó igualmente con la colaboración de Rafael Mondragón, en aquel tiempo colaborador habitual del Diario Sur, quien con su ingenio vino a regalarnos, a «aquellos alevines que se aprestaban a nadar en las aguas cada vez más claras del turismo», una serie de consejos que aún hoy, medio siglo después, conservan su brillo.

SERVICIALES, NO SERVILES

Por Rafael Mondragón

LOPE DE VEGA fue un caso edificante de vocación tardía. Doña Violante (participio aparente que por fortuna no es pasivo) le apretaba más que un dolor para que le pergeñase un soneto. Ordenaba despótica como un alcalde pueblerino y Lope, acaso con su cuenta y su razón, se lo construyó rápido. Como una inmobiliaria de estas, pero algo mejor y para más tiempo.

También yo, que me holgara de ser el niño de los recados de Lope más por literaria pleitesía y por lo de ser niño que por la índole de tales mensajes, he sido requerido para hilvanar este artículo para estos alevines que se aprestan a nadar en las aguas cada vez más claras del Turismo. Y como no han sido tan imperiosos como la ampulosa dama, me obligan más.

Tenemos que aceptar los acontecimientos como vienen. Es inútil y poco caballeresco ganar con desplantes de superioridad y perder con bilis y malos modos. Hemos de aceptar, pues, que nuestra España, matrona austera y nunca acaudalada con más brillo de blasones que de doblones, es una dama venida a menos. Si a menos puede bajarse desde una apretada medianía. Cuando una señora viene a menos, no le queda otro recurso que aceptar huéspedes con o sin derecho a cocina. Y la Matrona Augusta, esforzada amazona a caballo de dos mundos, se apeó de su biecuménica hacanea y abrió sus puertas al turismo. Para ello no tuvo que violentarse ni elaborar sonrisas artificiales y artificiosas de bienvenida, porque la hospitalidad es una de nuestras virtudes ancestrales.

Somos proverbialmente hospitalarios. Esta virtud se extrema peligrosamente en nuestra Bética tradicionalmente xenófila y abierta milenios ha a tantas invasiones extranjeras; tradicionalmente abierta, obsequiosa y sonriente con el visitante que a veces se sube a la parra. Y es que a veces rebasamos la raya entre lo sublime y lo ridículo. No olvidemos que los extranjeros afirman que si acompañamos al forastero a la dirección que nos pide, es porque no tenemos nada que hacer.

No es lo mismo una familia en la Mancha que una Mancha en la familia, ni un plan de desarrollo que el desarrollo de un plan. Tampoco es lo mismo, y tenedlo muy en cuenta, servicialidad que servilismo.

Es absurdo seguir encarrilados en tópicos manidos. No todos los ingleses son flemáticos, ni leen el "Times", ni fuman en pipa, ni brindan a tres menos cuartillo por su Reina. No todos los yanquis mascan chicle, ni juegan al baseball ni, cuando jóvenes, hacen camping inocuo con compañeras de curso. En cuanto a Escandinavia, no todo el monte es orégano. Lo que si parece cierto desde don Luis Mejía es que los franceses son menos atractivos que las francesas. Pero hay mucho mito en lo de ser tan besuconas…

Estos conceptos estereotipados dañaron hasta a la paz. Y no hay tal, sino en todos sitios de todo. La Inglaterra que produjo al benemérito Sir Alexander Fleming crió también a Mr. Christie, apacible despenador de viudas inconsolables y otoñales mostrencas. Junto al Salvatio Army pululan entre el smog londinense el pederasta sádico, el obseso sexual, el necrófilo…

Pero indudablemente os tocará bregar con el tory de añoranzas victorianas; con el soberbio yanqui acostumbrado a la reverencia al dólar, a la indulgencia sonriente para su ordinariez y la mano tendida boca arriba.

Habréis de soportar al francés que trasciende superioridad espiritual y apenas da muestras de la financiera; a la inglesa contertulia de vicarios que se extraña de que los cobradores de autobuses no hablen inglés y a aquellos otros chauvinistas súbditos de la misma graciosa Majestad que traen fritos a unos alemanes en Carvajal como si esta tierra nuestra y muy nuestra fuese un Verdún o un Alamein de jornada.

Sed para todos corteses, sed amables. Sed, repito, atentos, pero no servilones. Sois los hijos de una nación ilustre y milenaria y, quitados unos cuantos escorpioncillos roqueros de mala muerte, ya no hay cipayos, dicen, en el mundo libre al que pertenecemos. Que la sonrisa sea vuestra divisa. Así entrará mucha de la otra por el litoral mediterráneo, «ocio creador y ágora del mundo», para que pongan fábricas y mejoras televisivas y telefónicas y ferroviarias por ahí arriba.

Vuestra probidad debe ser, y estoy seguro de que lo es ya, exquisita y hasta puntillosa. Decencia no es solamente monogamia como creen algunas mentalidades de café con leche. Contribuyamos a desterrar ese concepto anglosajón según el cual la Latinidad es un inmenso Patio de Monipodio.

En cuanto a suecas, leed el Evangelio de San Mateo, 10, 28.

R.M.

33

Con la carrera terminada, pendiente el servicio militar, resultaba difícil encontrar empleo; no quedaba otra que cumplir cuanto antes con el ejército. Así fue que presenté mi solicitud de alistamiento voluntario en el Regimiento de Infantería Aragón 17, con sede en Málaga. Fui admitido y en mayo del 68 me incorporé.

Este movimiento supuso mi desconexión del grupo del que formaba parte.

El Servicio Militar me llevó a Viator, provincia de Almería, para cumplir con el período de instrucción. Superada esa etapa, juré bandera el 11 de agosto de 1968 y el 13 de agosto de 1968 me incorporé en Málaga al Regimiento de Infantería Aragón 17.

Realizar el servicio militar en Málaga me facilitó retomar el contacto con mis relaciones.

Cuando me faltaban solo dos meses para licenciarme, el Banco de Málaga convocó unas oposiciones. ¿Por qué no te presentas? —me sugirió Manoli.

¿Cómo? La idea de trabajar en un banco no estaba en mi cabeza, pero coincidimos en que era buena idea tener un punto de apoyo al terminar el servicio militar, si conseguía aprobarla, como así fue.

En ese momento creí que solo había conseguido un empleo, al que no le auguraba mucho recorrido; sin embargo, se estaba abriendo frente a mí un camino que moldearía mi vida y la de nuestra familia, y que nos llevaría a destinos impensados.

Capítulo 4

Trabajo y familia

El 20 de enero de 1970 comencé a trabajar en los Servicios Centrales del Banco de Málaga, en calle Atarazanas. Poco tiempo después pasé a formar parte del departamento de extranjero de la Oficina Principal. En 1971 se estaba fraguando un acontecimiento que cambiaría mis expectativas: el Banco Atlántico, con sede central en Barcelona, embarcado en un ambicioso plan de expansión, adquiere el Banco de Málaga, en Andalucía ya contaban con oficinas en Cádiz y Sevilla.

A principios de 1972, el jefe de Personal me convoca a su despacho para comunicarme que el Banco tenía previsto dotar a cada oficina de la Costa de un Departamento de Extranjero, y que habían pensado en mí para la jefatura del de Estepona. Era una propuesta muy atractiva, pero alteraba nuestros planes; Manoli y yo teníamos fijada la fecha de la boda en agosto de ese año. Sin embargo, lo pensamos con calma y ambos estuvimos dispuestos a girar el timón y aceptar el desafío.

Alquilamos un piso en Estepona, en Avda. de España n.º 100, con vistas al paseo marítimo: desde nuestra terraza divisábamos el Peñón de Gibraltar y la Costa Africana. Nuestro atrevimiento comenzaba a tener sentido.

Mudarnos a Estepona, a 90 kilómetros de Málaga, implicaba que Manoli dejara su empleo, pero supo ver en ello una oportunidad para redirigir su camino profesional: decidió dejar de trabajar y matricularse en la Universidad a Distancia para estudiar Psicología, una vocación que llevaba tiempo sintiendo.

Para controlar el seísmo que acabábamos de vivir, decidimos mantener el resto de nuestros planes. El 5 de Agosto del 72' nos casamos en la Capilla del Colegio de los Agustinos, Los Olivos, en Málaga. Ofició la ceremonia un buen amigo, el P. Laureano Manrique O.S.A., que en el Bachiller había sido mi profesor de Filosofía. Para el viaje de boda optamos por Canarias. Manoli no la conocía y yo deseaba profundizar en su conocimiento, un regalo de la Naturaleza. Lo que no sabíamos era que ese viaje nos serviría, más adelante, para tomar decisiones importantes.

Estepona contaba por aquel entonces con una población que rondaría los treinta mil habitantes. Su término municipal abarca una extensión de 137 kilómetros cuadrados y 23 kilómetros de litoral. La zona sustenta su economía en una agricultura potente, donde destacan los viñedos y naranjos, y la pesca, con su puerto pesquero ubicado en la embocadura del estrecho, cuyas fecundas aguas le hacen el más importante de la provincia. Turísticamente cuenta con el aliciente de la cercanía de Gibraltar y su aeropuerto. Aun contando con hoteles de prestigio, su principal fortaleza residía en las importantes urbanizaciones que se ubicaban en la zona, lo que explica la presencia de una numerosa colonia extranjera.

En 1974, cuando ya llevábamos casi dos años en Estepona, nació Belén, nuestra primera hija. Manoli, con admirable destreza, empezó a compaginar su vida de estudiante con la nueva y exigente tarea de ser madre.

De los tres años que duró la estancia en Estepona, en el último, compaginé mi labor en la Oficina, con la atención de un despacho que el Banco habilitó en el Cortijo Los Cano, en la urbanización de Sotogrande, germen de la Oficina que Banco Atlántico abriría más adelante en aquel lugar.

Aquel año coincidía con el duodécimo aniversario de la llegada a Sotogrande de la Filipina Corporación Ayala. La magnitud del proyecto impulsado por su presidente, Joseph McMiking Ynchausti, junto a su esposa Mercedes Zobel de Ayala, no tiene parangón. Hoy Sotogrande es considerado uno de los resorts más exclusivos del planeta.

En lo personal y profesional fue una etapa sumamente enriquecedora. Todo tenía una escala poco habitual, y el trabajo me permitía entrar en contacto con personas de lo más diverso y conocer negocios de muy distinta índole. Aquello resultaba profundamente estimulante.

Por entonces, el proyecto que me había llevado a esa increíble zona llegaba a su fin. Era momento de emprender una nueva etapa. Afortunadamente, trabajaba en una empresa que valoraba mi desempeño. Tener la suerte de estar en un lugar donde el trabajo se reconoce y se recompensa no es un detalle menor; es, de hecho, junto a un buen programa de formación, un factor fundamental tanto para el crecimiento personal como para el desarrollo de cualquier organización, Banco Atlántico era modélico en la gestión de sus recursos humanos. Ninguna empresa puede avanzar sin un buen apoyo humano.

Me sentía muy satisfecho con la experiencia acumulada hasta entonces, y más convencido que nunca de que había sido un gran acierto haber apostado por la polivalente carrera de Turismo. Tras mi paso por Estepona, me sentía preparado para afrontar un nuevo desafío.

En su plan de expansión Banco Atlántico tenía prevista la apertura de Oficinas en la Andalucía Occidental. Me seducen con la idea de hacerme Responsable Operativo de una de ellas, un escalón por encima del puesto que tenía en Estepona. Previo a la asignación debía superar un periodo de capacitación, de seis meses, en la Oficina de Sevilla.

Para un apasionado de la Geografía, la Historia y el Mundo Hispánico, Sevilla es un Premio Mayor. Para colmo de dichas las oficinas del Banco estaban en Calle Santo Tomás, desde la ventana más próxima a mi mesa de trabajo podía contemplar el edificio renacentista que alberga El Archivo de Indias, y encontrar en su entorno los Reales Alcázares, la Giralda, la Catedral gótica más grande del mundo y la Torre del Oro a orillas del Guadalquivir, en el lugar que, el 10 de agosto de 1519, vio partir la flota que, al mando de Magallanes, pretendía dar la vuelta al mundo.

Durante los seis meses que duró ese periodo, los dos primeros seguí viviendo en Estepona: viajaba cada semana a Sevilla y me hospedaba en el Hotel Bécquer. Pero una vez confirmado el rumbo, alquilé un apartamento en Huerta del Rey, en calle Eduardo Dato, Manoli, que estaba embarazada, y Belén vinieron a vivir a Sevilla.

A principios de septiembre me confirmaron mi nuevo destino, El Puerto de Santa María, donde debía incorporarme antes del fin de año.

El 12 de octubre de 1975, aprovechando la festividad, fuimos al Puerto de Santa María para sondear las opciones de alojamiento en la zona, con la idea de volver a Sevilla por la tarde.

Al amanecer del día siguiente Manoli me dice: «Creo que estoy de parto». Nuestra intención era viajar a Málaga, pero decidimos pasar por el Hospital Virgen del Rocío, antes de emprender un viaje de tres horas. Al llegar, Manoli comunicó que sentía dolores y le preguntaron:

—¿Es su primer hijo?

—No, el segundo —respondió ella.

—Pase ya al paritorio.

Así de explícita fue la respuesta.

Cuando me llamaron de nuevo, me dijeron:

—Es usted padre de un niño.

Así, rápida y sorpresivamente, el 13 de octubre de 1975 nació Juan Manuel.

Al poco tiempo, con nuestra familia de cuatro, nos instalamos en Valdelagrana. Nos enamoró su espléndida y kilométrica playa, con vistas a Cádiz y a su Bahía. Unos meses más tarde comprendimos que, con niños, era más sensato vivir en la Ciudad. Aprovechamos que en el edificio donde estaba la Oficina, en calle Micaela Aramburu, se quedó un piso libre, y nos mudamos.

El edificio lindaba en uno de sus costados con el Rio Guadalete, muy cerca ya de su desembocadura, junto a la plaza de las Galeras, donde, en aquellas fechas atracaba el «Adriano III», nombre del vapor que hacía la travesía de El Puerto a Cádiz, cruzando la Bahía, al que los gaditanos llamaban con el cariñoso nombre de «el vaporcito». Ello es posible dado que el Guadalete es navegable en su primer tramo, y este es un buen momento para recordar que la Nao Santa María, propiedad de Juan de la Cosa, en 1492 inició en este lugar su viaje a Palos para unirse a La Pinta y La Niña y liderar el descubrimiento de América.

Capítulo 5

El Puerto de Santa María y Jaén

La cosa parecía ponerse seria, acababa de cumplir 28 años, y me encontraba en un lugar que había visitado, pero del que desconocía casi todo, y por delante una tarea para la que estaba formado, pero echaba en falta la experiencia. El paso por Sevilla resultó providencial para empezar a comprender la particular idiosincrasia de Andalucía la Baja (Cádiz, Córdoba, Huelva y Sevilla), la que ocupa las tierras bajas del Valle del Guadalquivir.

Algunos pensarán que exagero, pero no hay que olvidar, para comprender la complejidad, que Andalucía tiene una extensión de 86 000 km^2, solo 6 000 menos que Portugal y más que algunos países europeos, cuya diversidad, simplificando mucho, podemos reducirla a tres zonas, la mencionada Andalucía la Baja, la Penillanura de Sierra Morena en el Norte y la Zona de Altas Montañas en el Este, y hay que tener en cuenta las aportaciones que han dejado las civilizaciones que la han hollado. Sin olvidar sus mares, los casi 1 000 kilómetros de costa andaluza se reparten entre el Mediterráneo, un 60%; el Atlántico, un 40%; y el Estrecho entre ambos.

Empecé a entenderlo leyendo la *Teoría de Andalucía* de José Ortega y Gasset:

«Todo andaluz tiene la maravillosa idea de que ser andaluz es una suerte loca con la que ha sido favorecido. Como el hebreo se juzga aparte entre los pueblos porque Dios le prometió una tierra de delicias, el andaluz se sabe privilegiado porque, sin previa promesa, Dios le ha adscrito al mejor rincón del planeta. Frente al hombre de la tierra prometida, es el hombre de la tierra regalada, el hijo de

Adán a quien ha sido devuelto el paraíso. La unión del hombre con la tierra no es aquí un simple hecho, sino que se eleva a relación espiritual, se idealiza y es casi un mito».

Dando por acertada esta teoría para el conjunto de Andalucía, pude comprobar que en Andalucía la Baja esa «maravillosa idea» roza el paroxismo.

En noviembre del 75 me incorporo a mi nuevo puesto de trabajo, donde me recibe el Director de la Oficina, Eduardo Benjumeda Osborne. En nuestra primera charla, entre otras cosas, se interesa por comprender cuál era mi conocimiento de la zona: cuando le manifiesto que es muy escaso, «habrá que alimentarlo» me respondió, «vamos a tomar algo y de camino te presento a un cliente». Fuimos a la Venta Millán.

—Millán, te presento a nuestro nuevo Interventor.

—Encantado, ¿que queréis tomar? —dijo Millán.

—Para mí, Sangre y Trabajadero y ponme un langostino —dijo Eduardo—. ¿Tú, Juan Manuel?

—Lo mismo —dije, sin saber lo que estaba pidiendo.

Mi comportamiento fue una mezcla de confianza y atrevimiento, bendito maridaje.

Sentía que el azar que me venía acompañando aún estaba allí, y en una de sus mejores versiones.

El Puerto de Santa María me sorprendió con la variedad y volumen de su tejido comercial e industrial, en el que se destacaba el sector de la vitivinicultura. La zona se enmarca en la denominación de origen Jerez/Sherry, una de las zonas vinícolas más prestigiosas del mundo. Sus grandes bodegas de crianza, construidas en superficie, le dan al Puerto, junto a su Prioral, sus Casas Palacio y su espectacular Plaza de Toros, un sorprendente aire de monumentalidad. Su ubicación en la Bahía, en la desembocadura del Guadalete, lindando con Rota y su Base Naval, le suponía un considerable valor añadido.

El 15 de diciembre de 1976 se celebró en España el Referéndum sobre el Proyecto de Ley para la Reforma Política, y me hicieron participar en él como vocal en la mesa de votación de mi distrito.

A principios de 1977, en una de las visitas que solía hacernos el Director de Zona, Salvador Rodríguez Vega, me planteó la posibilidad de un nuevo traslado, destino Jaén, donde estaba prevista la apertura de una Oficina. Le manifesté mi disposición favorable y le comenté que el destino no me era desconocido, mi madre es natural de Baeza. A mediados de año se me confirmó el traslado y que la apertura estaba prevista para octubre. Manoli y yo decidimos aprovechar el primer fin de semana disponible para visitar Jaén; y allá que nos fuimos los cuatro a explorar el terreno, opciones de piso, guarderías y Universidad a Distancia.

Por aquellas fechas se produjo en El Puerto de Santa María un acontecimiento mucho tiempo esperado, la vuelta de uno de sus hijos: Rafael Alberti Merello, poeta, dramaturgo, político, escritor, pintor, premio nacional de poesía en 1924 y uno de los ilustres miembros de la Generación del 27.

Me informaron que en el Motel El Caballo Blanco, en Valdelagrana, se celebraba, tres días a la semana, una tertulia literaria en la que participaba Alberti. Me las ingenié para acudir a varias de aquellas tertulias y, en una de ellas, la del 14 de junio del 77, habiendo previamente comprado su libro *Poemas del destierro y de la Espera*, editado por Espasa Calpe, aproveché la ocasión para solicitarle que me lo firmara.

43

Sin saberlo estaba despidiéndome temporalmente de la zona, y no podía hacerlo de mejor manera.

Creo que fue la semana siguiente cuando decidimos, Manoli y yo, ir a Jaén para buscar casa.

Aproveché el viaje para, en Sevilla, pasar por la Dirección de Zona a entregar unos documentos en el departamento de Riesgos.

Cuando llegué, Caridad, la secretaria del director de zona, me dijo: «Juan Manuel le he comunicado al jefe que estás aquí, y que has venido con tu mujer, y me ha dicho que no os vayáis sin verle».

Salvador Rodríguez Vega, el jefe, con su habitual campechanía, desde la puerta de su despacho nos invita a entrar, tras saludarnos sus primeras palabras fueron: «es la primera vez que voy a proponer un traslado a un empleado con su mujer delante».

—No me asustes, Salvador, —bromeé.

—Para nada.

Sin más preámbulos nos pregunta:

—¿Conocéis Canarias?

—Sí —respondí.

—¿Qué os parece la idea de vivir en Las Palmas de Gran Canaria?

—La idea es atractiva —respondí.

A continuación se dirigió a Manoli pidiéndole su opinión:

—¿Tú qué opinas, Manoli?

Su respuesta fue determinante:

—A mí Canarias me gusta.

—He pensado en ti para que te hagas cargo de la Responsabilidad Operativa, como ya sabrás Las Palmas tiene una Oficina Principal y dos urbanas, la tarea es exigente, pero tú estás capacitado, además, si aceptas, te voy a pedir una tarea extra: quiero que cuando vuelvas a la Península tu sustituto sea Canario, vas a contar con una buena y amplia plantilla, escoge en ella a quien consideres más idóneo y fórmalo.

—¿Con Jaén qué hacemos? —pregunté.

—Aún no hemos decidido quién te sustituirá en Jaén, tenía que saber primero tu disposición. Nos vemos la próxima semana para hablar de condiciones y concretamos fechas —respondió—. Veo que estás embarazada —dijo dirigiéndose a Manoli—, ¿para cuándo lo esperáis?

—Para septiembre —respondió Manoli.

La semana siguiente nos volvimos a reunir en Sevilla, en esta ocasión con la presencia del jefe de personal de la zona. Encajar las piezas en un traslado a tres bandas, en periodo de vacaciones, no fue fácil, finalmente se decidió que yo me ocupara de la preapertura de Jaén; mi sustituto llegaría en octubre y a continuación me incorporaría a

Las Palmas. Acepté poniendo de manifiesto que, dadas las circunstancias, ante la inminencia de la llegada de nuestro tercer hijo, me trasladaría a Jaén con toda la familia, previendo también la logística que iba a necesitar un doble traslado, uno de ellos a ultramar.

En la segunda quincena de julio ya estábamos instalados en Jaén, alquilamos un piso en calle Baeza, frente a un hermoso parque y muy cerca del Paseo de la Estación, donde estaba la Oficina. Tras un breve descanso me puse a la tarea.

El que iba a ser director de la oficina, Juan Manuel Escorza, que procedía de Córdoba y tenía una dilatada experiencia, planificó un calendario de gestiones y visitas previas a la apertura que resultaron ser muy eficaces. En el mes de septiembre ya estábamos operativos.

El rasgo principal del campo andaluz es lo que suele llamarse el bosque de olivos, y Jaén es su paradigma. Jaén contaba igualmente con una potente industria harinera, a la que añadía valor sus relaciones con zonas productoras de trigo del norte de África, la Mitidja especialmente. Ambas zonas son una parte importante de la historia agrícola del Mediterráneo.

Lo más sobresaliente de ese mes estaba por llegar: Manoli el 14 de septiembre dio a luz a Javier, nuestro tercer hijo.

Como despedida de Jaén bautizamos a Javier, y lo celebramos en la Terraza del Condestable Iranzo con una cena a la que también asistieron mis compañeros. El Banco tuvo el detalle de invitarnos.

Nuestro tiempo en Jaén tocaba a su fin; el 12 de octubre nos subimos los cinco, en Málaga, al avión que nos llevaría a Las Palmas.

Capítulo 6

Rumbo a Canarias

De entre todas las frases y/o eslóganes que se suelen usar al referirse a Gran Canaria, la más utilizada quizás sea «un continente en miniatura». Sus 1560 kilómetros cuadrados, sus 1956 metros de altitud y sus 236 kilómetros de costa contemplan tal variedad geográfica que lo justifican sobradamente.

Sin embargo, si cambiamos de ámbito, y pasamos del geográfico al estratégico, al comercial, al marítimo, e incluso al histórico: un continente en miniatura se queda corto.

Ya en mi primera visita en julio de 1966, con motivo de asistir al curso sobre «Problemas socioeconómicos y técnicos del desarrollo turístico», organizado por el Instituto de Estudios Turísticos, tuve la sensación de encontrarme en un lugar cuyo potencial no ofrecía dudas.

Para entender el progreso a veces basta con recordar. Mi primer viaje a Canarias lo hice en un vuelo desde Málaga a Los Rodeos, con escala en Casablanca, en un Caravelle, un turborreactor con la planta motriz montada en la parte posterior del fuselaje, una novedad para la época. El regreso a la Península lo hice en un bimotor de hélice, Las Palmas a Málaga, con escalas en El Aaiún y Sidi Ifni. Un notable avance se observó igualmente en la navegación marítima, con la aparición de los ferries en los años 70, en la ruta Cádiz-Canarias.

En octubre de 1977, España se encontraba en un profundo proceso de cambio, con acontecimientos de muy diversa índole, y es en ese momento cuando me hice cargo como Responsable Operativo, de la operativa del

Banco Atlántico en Las Palmas de Gran Canaria. Las obligaciones eran grandes y la exigencia alta. La lejanía y la ausencia de un sistema fluido de comunicación, me exigían a menudo desplazamientos, bien a Barcelona donde estaban las oficinas centrales, o a Madrid. En 1975 se había producido la Marcha Verde en el vecino Sahara, lo que provocó un periodo de nuevos desafíos.

Afortunadamente (estábamos en las islas afortunadas) no todo eran desafíos.

Manoli traspasó su expediente académico a la UNED en Las Palmas, y siguió con sus estudios.

Tras un mes de búsqueda, localizamos un piso muy de nuestro agrado que nos sirvió de residencia durante los seis años que vivimos en Las Palmas, en el Edificio Veracruz, en la hoy Plaza de España. Casi al mismo tiempo localizamos una guardería donde llevar a Belén y a Juan Manuel.

Una de las ventajas de trabajar en una organización bien estructurada es que al llegar a un nuevo destino todo está preparado: hay un equipo que funciona y dispuesto a apoyar y colaborar. También es evidente que, en traslados que conllevan desplazarse a «paisajes» bien distintos, la capacidad de adaptación juega un papel importante.

En mi caso, lo más significativo de este traslado era la dimensión de la tarea, dado el tamaño de la Oficina, tanto por el volumen y variedad de negocio como por su amplia plantilla, de la que formaban parte un nutrido equipo comercial y de asesoramiento.

Fue en Las Palmas donde más valoré las ventajas de trabajar para una Entidad como Banco Atlántico, sus recursos, su organización y su interés en la formación continua del personal.

A lo largo de mi vida profesional ha sido en Las Palmas donde he encontrado la más amplia variedad de actividades, lo que sin duda da lugar a una amplia diversidad de clientes, y facilita la comprensión del mundo en el que vives, y todo ello desde una atalaya en la que tienes acceso a una visión amplia de la realidad. Desde el punto de vista estrictamente personal, Canarias alimentaba mi afición por la Geografía, la Historia y el Mundo Hispánico. Y este es el momento oportuno para recordar que las islas Canarias fueron vitales en el descubrimiento de América.

Ya que teníamos hecho una parte del camino aprovechamos algunos veranos para, en vacaciones, explorar los «alrededores», Madeira y Lanzarote entre ellos, singulares donde las haya, un bosque de hortensias la primera y una maravilla volcánica la segunda, sin olvidar que las islas Canarias en su conjunto es un prodigio de la naturaleza.

En 1981 decidimos cruzar el charco para visitar México.

En 1982, en el marco de mi plan de formación, me seleccionaron para realizar el Curso de Dirección, que realicé en tres etapas, las dos primeras en Barcelona y la definitiva en el Centro de Formación de Collbató (Barcelona). Una muy instructiva experiencia.

En el último trimestre de ese año ya empezamos a hablar del retorno a la Península. Se mencionó la posibilidad de Cádiz como la más inmediata, para realizar la misma tarea que realizaba en Las Palmas, Responsable Operativo.

Analizamos en casa la situación, nuestros hijos tenían 9, 7 y 5 años, Manoli estaba a dos asignaturas de terminar su carrera de Psicología y a mí, con el curso de dirección aprobado, se me abría otro horizonte, por lo que decidimos que era el momento de volver y así lo manifesté al Departamento de Personal.

Acordamos que en el transcurso del primer trimestre me trasladaría a Cádiz, mi sustituto, como se me había pedido, estaba en Las Palmas, entre mis compañeros. TODO parecía bien enfocado, pero como suele ocurrir A VECES algo puede estar pasando en un lugar aparentemente lejano, que puede estropear tus planes. «El aleteo de una mariposa puede provocar un tsunami al otro lado del mundo», advierte un proverbio chino.

En 1982, la economía global entró en recesión, la tasa de desempleo en Estados Unidos alcanzó su punto más alto, las medidas económicas adoptadas no dieron los resultados esperados y los tipos de interés subieron. En este panorama, uno de los accionistas más importantes del Banco Atlántico, un Banco norteamericano con sede en Chicago, vende parte de sus derechos a Rumasa, que con esta maniobra se convierte en accionista de Banco Atlántico. El 23 de febrero de 1983, el gobierno español expropia a Rumasa, con esta maniobra el Estado Español se convierte en accionista del Banco Atlántico y el panorama cambia radicalmente.

La primera noticia me llega el mismo 23 de febrero, viendo el telediario de la noche.

Al día siguiente, preocupado por la situación y desconociendo el alcance de la difusión de la noticia, me presenté en la oficina unos 15 minutos antes de la hora establecida para la entrada del personal, pensando tomar un café y observar el panorama.

No hubo tiempo para observaciones ni para café.

Algunos compañeros, alarmados igualmente por la noticia, habían anticipado su llegada, y junto a ellos había un coche de la Policía.

Se me acercó uno de los agentes y me preguntó por el director. Le contesté que estaba en la Península y hoy no le esperábamos, y a continuación me preguntó quién lo sustituía. Le contesté que, para asuntos operativos, yo. La respuesta del agente de policía fue más bien una orden: «Venga con nosotros, está convocado para una reunión, el Gobernador Civil le está esperando».

Les pedí diez minutos para montar claves y dejar la oficina operativa, y a continuación nos dirigimos al Gobierno Civil.

La reunión con el Gobernador Civil se inició de inmediato. Empezó diciendo que seguía instrucciones del Ministerio de Economía y Hacienda, poniendo de manifiesto que su primera intención era transmitir tranquilidad, tanto a los clientes como a los trabajadores.

—Piensen ustedes —nos dijo—. Si ayer trabajaban para una entidad solvente, hoy su principal accionista es el Estado. Si aun así hay clientes que deseen retirar sus depósitos, y carecen de suficiente efectivo en sus cajas para atenderles, tendrán a su disposición un servicio de policía para retirar de inmediato lo que precisen del Banco de España.

La realidad fue que no hizo falta hacer uso de los recursos que se ponían a nuestra disposición. La jornada transcurrió con normalidad.

En nuestro caso las dudas surgieron alrededor del previsto traslado a Cádiz.

Se puede decir que el Banco tenía un nuevo patrón y desconocíamos en qué rumbo nos moveríamos. Afortunadamente la autoridad ratificó en sus puestos a la cúpula directiva del Banco, y la situación se normalizó.

A finales de marzo me trasladé a Cádiz para hacerme cargo de mi nueva tarea. Manoli y los niños se quedaron en Las Palmas hasta terminar el curso escolar.

En julio hicimos el traslado de muebles y enseres. Finalmente, los cinco nos subimos al avión que nos llevaría a la Península.

Capítulo 7

México 1981

Mi interés por América en general y por México en particular era fruto de mis lecturas, *El dios de la lluvia llora sobre México* de Laszlo Passuth y *Jubileo en el Zócalo* de Ramon J. Sender, entre otras, cuyo germen primero llegó con la llegada a mis manos de una *Historia de Iberoamérica*, editada por Sopena en 1968, escrita por Manuel Rodríguez Lapuente, Catedrático de Historia de Iberoamérica de la Universidad Autónoma de Querétaro. Entre sus páginas se encontraban un buen número de ilustraciones, fotos, mapas y documentos, pero una en particular llamaba mi atención: la fachada de la Biblioteca de la Ciudad Universitaria de México. «Tengo que ir a verla», me decía.

En mi cabeza flotaba el deseo de visitar el país, y tratar de comprender su espléndida naturaleza, a caballo entre dos océanos, y su imponente historia.

Viviendo en Canarias el deseo fue tomando cuerpo. Algunos de nuestros clientes procedían o tenían relaciones con el otro lado del «charco», y estas circunstancias alimentaban mi deseo. Finalmente, en agosto de 1981, aprovechando las vacaciones veraniegas, emprendimos el viaje. Había que pasar por Málaga para dejar a nuestros hijos con la familia que, encantada, se hizo cargo de la tarea.

A Manoli y a mí se nos hacía la boca agua cuando tomamos en Madrid el vuelo de Aeroméxico que nos llevaría a nuestro destino.

Nos llamó la atención durante el aterrizaje en México DF su impresionante caserío.

Disponíamos de 15 días antes de tomar el vuelo de vuelta, para los que tan solo había reservado 4 noches en un céntrico hotel de la capital. Para el resto de la estancia, lo previsto era alquilar un coche y recorrer el país con destino a la península de Yucatán, sin programación definida. Manifiestamente insuficiente para la tarea que nos habíamos propuesto, pero muy felices de encontrarnos en semejante paraíso.

De los 4 escasos días dedicados a la ciudad y su entorno aprovechamos el primero para, tras alquilar un VW, desplazarnos a Teotihuacán, la Ciudad de los Dioses, subir a las pirámides del Sol y la Luna y deleitarnos con su sorprendente panorámica, comprar unos tunos a un vendedor ambulante y paladear, en semejante entorno, una delicia que me transportaba a mis «higos chumbos» de Andalucía. Tras visitar Teotihuacán, seguimos camino hacia la Zona Arqueológica de Tula para admirar sus Atlantes. Al atardecer estábamos de vuelta en Ciudad de México.

Ciudad de México no admite comparación, ni yo encuentro adjetivo con el que definir semejante grandeza. Si están interesados en saber de ella, solo se me ocurre una palabra: vayan. Y reserven una buena parte de su tiempo para dedicárselo al Museo Nacional de Antropología, un viaje en el tiempo.

No se olviden del Zócalo, de Tlatelolco, de Insurgentes, del Paseo de la Reforma, de sus museos, ni por supuesto de la Biblioteca de la Ciudad Universitaria…

Tras este brevísimo paseo por el mundo azteca, alquilamos un coche y pusimos rumbo a la Península de Yucatán, en la confianza que nos resultaría fácil encontrar alojamiento en el camino.

La primera etapa que programamos, tras una breve parada en Puebla, nos llevó a las inmediaciones de Villahermosa, 750 kilómetros de carretera, con algunos tramos de autopista. Tras una fallida búsqueda de hotel en Coatzacoalcos pernoctamos en un motel de carretera. Al día siguiente, tras el desayuno, dedicamos la mañana a visitar Palenque, Chiapas, capital de la selva, zona arqueológica de la que fue una de las ciudades más importante de la cultura Maya. El 23 de octubre de 1813 Palenque fue declarada villa por decreto expedido por las Cortes de Cádiz.

S Y PUENTES FEDERALES DE INGRESOS Y S.C.
Baja California 272 México 11, D.F.
C.D. Puebla–Orizaba
Tramo Puebla–Acatzingo
0199611
Comprobante   R.F.C-C.P.F.-630703-001

Tarifa No.	TIPO	Importe IVA	Total
1	Automóviles, Turismos, Pick ups y Panels	1.27	14.00
2	Automóviles, Turismos, Pick ups y Panels con Remolque o Trailer	2.09	23.00
3	Autobuses de Pasajeros	1.36	15.00
4	Camiones de carga de 2 Ejes	1.36	15.00
5	Camiones de carga o Tractores con semi-remolque de 3 Ejes	2.36	26.00
6	Camiones de carga o Tractores con remolque de 4 Ejes	2.91	32.00
7	Camiones de carga o Tractores con remolque de 5 o más Ejes	3.82	42.00
8	Motocicletas con o sin Side car	0.27	3.00

19

Tras un breve aperitivo reemprendimos el camino, destino Mérida o hasta donde llegaran las fuerzas. Sabíamos que el camino nos obligaba a atravesar la selva, y que México goza del privilegio de una gran riqueza natural. Yucatán es un ejemplo, desconocíamos detalles sobre el estado de la ruta, pero la visita a Palenque había reforzado nuestro ánimo.

A media tarde, con más de 350 kilómetros recorridos y señales en la carretera que nos indicaban la cercanía de Campeche, decidimos desviarnos para descansar y de camino ver opciones de alojamiento. Encontramos el Hotel El Presidente, con alojamiento disponible, y decidimos pasar allí la noche. Al subir a la habitación y asomarnos al balcón con vistas al Golfo de México, cambiamos de opinión, ampliamos la reserva a tres noches y utilizamos Campeche como base para visitar las zonas arqueológicas que habíamos previsto, así como la Ciudad de Mérida a ton solo 180 kilómetros. Este cambio no previsto nos brindó la posibilidad de conocer una de las ciudades más atractivas del viaje.

El impresionante patrimonio maya de Yucatán nos obligaba a ser selectivos; al día siguiente nos trasladamos a Mérida para conocer su también rico patrimonio colonial y comprender el «orden guerrero» en Chichen Itzá.

Aún no habíamos llegado al límite de nuestro agotamiento, pero el sentido común nos aconsejaba descansar, optamos al día siguiente por visitar el «esplendor deslumbrante» de la cercana zona arqueológica de Uxmal y su gran pirámide, donde un tropical aguacero nos complicó el descenso. Tras almorzar en el Hotel, donde nos sorprendieron con unos sabrosos filetes de tortuga, dedicamos parte de la tarde a un baño en la piscina, con el Golfo de México como telón de fondo, para a continuación darnos un paseo por Campeche.

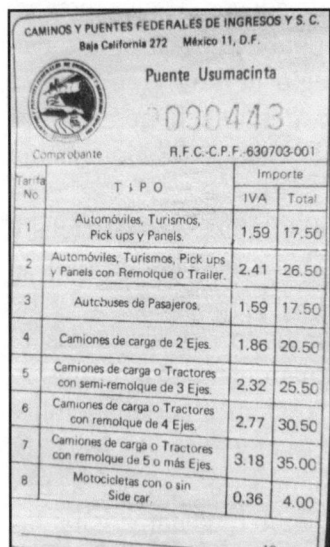

La península de Yucatán es realmente fascinante.

Nos quedaban cinco noches de estancia en México y no queríamos retornar sin darnos un baño en el Pacífico.

A la mañana del día siguiente nos pusimos en marcha dirección Acapulco, recorrido para el que habíamos previsto dos jornadas. La primera de ellas nos llevó, una vez

56

cruzado el Rio Papaloapan, al Hotel Fiesta Palmar, donde, al caer la noche, disfrutamos de un sorprendente paisaje de luciérnagas. Madrugamos para reemprender el camino y llegar a Taxco de Alarcón antes del mediodía. A la entrada de la ciudad dimos con una oficina turística, en la que nos facilitaron información sobre hoteles, decidiéndonos por Hotel Rancho Taxco-Victoria.

Taxco de Alarcón nos enamoró. Su rico patrimonio con Santa Prisca como gran joya, sus numerosos talleres de platería, sus empedradas calles y su arquitectura colonial hacen de ella una visita invaluable.

Dadas las distancias recorridas, los 250 kilómetros que nos separaban de Acapulco nos parecían una minucia, nos lo tomamos con calma y a la hora del almuerzo estábamos en Acapulco, con el asunto hotel resuelto: Holiday Inn en el paseo marítimo, una habitación en la undécima planta con vistas a la Bahía, esa Bahía que fue durante 294 años puerto clave en la ruta del Galeón de Manila, parte de cuya carga era transportada por tierra a Veracruz, para posteriormente ser embarcada destino Cádiz o Sevilla según encartara.

Dos noches y un baño en el Pacífico duró nuestra estancia en Acapulco.

El último día tocaba recorrer los casi 400 kilómetros que nos separaban del aeropuerto de Ciudad de México, para a últimas horas de la tarde subirnos al avión que nos llevaría a Madrid, con una corta escala en Montreal.

Capítulo 8

El Golfo Gaditano

Si nos hubiesen dado a elegir, quizás no hubiésemos elegido Cádiz. En Andalucía hay más ciudades que nos conmueven, y nos lo hubiesen puesto difícil.

En esta ocasión, una vez más, el azar hizo acto de presencia y escogió por nosotros. A día de hoy, han pasado ya más de cuarenta años, no sé cómo agradecer el regalo de haber vivido en Cádiz, diría más, de haberme gaditanizado.

Suelo decir con frecuencia: si Cádiz no existiera habría que inventarla.

En marzo de 1983 desembarqué en Cádiz, en la oficina que Banco Atlántico tenía en la calle San Francisco y que, por su apariencia, podría haber servido con anterioridad de residencia y oficinas de un armador de buques, tenía un hermoso patio central con dos plantas abalaustradas. El trabajo asignado era similar al desempeñado en Las Palmas, Responsable Operativo.

Una de las características que más impactan de Cádiz es el carácter insular de su territorio, si bien, como citaba Benito Pérez Galdós, «tiene un largo istmo que sirve para que el continente no tenga la desdicha de estar separado de Cádiz».

Tampoco llegaba a un lugar desconocido, y los dos años pasados en El Puerto de Santa María me predisponían positivamente. Desde el primer momento entendimos que era un lugar adecuado para echar raíces: en esta ocasión no alquilamos, sino que nos compramos un piso en Calle Santa Teresa, en el barrio de La Laguna.

En el primer año de estancia en Cádiz, Manoli terminó en la UNED su carrera de Psicología, se preparó para presentarse a unas oposiciones convocadas por la Diputación Provincial para cubrir dos plazas de Psicólogo, aprobó el examen, y su primer trabajo la hizo formar parte del equipo de Acogimiento Familiar y Adopción, un desempeño exigente y comprometido como pocos.

En 1986 el Banco me propuso hacerme cargo de la Dirección de una de las Oficinas que tenía en Cádiz, la ubicada en la calle Cayetano del Toro, más allá de las Puertas de Tierra; acepté el reto. Fue una experiencia invaluable, en lo personal y en lo profesional, compartida con un equipo de lujo.

A finales de 1991 contactó conmigo uno de los directores que tuve en Las Palmas, Juan Martin, Director en ese momento de la Oficina de Banco Sabadell en Málaga, me informó que Banco Sabadell iba a abrir una oficina en Cádiz, que estaban buscando un Director y que le ha dado mi nombre a su Departamento de Personal. Le agradecí el detalle y quedamos en vernos la próxima vez que pasara por Málaga.

La llamada telefónica no se demoró en exceso, en ese primer contacto ya hablamos de tiempos, objetivos y condiciones. De aceptar, me incorporaría a primeros de año en Sabadell, donde realizaría un curso de Dirección, que simultanearía con la estancia en una Oficina en Sevilla, adjunto a la Dirección, con el objetivo de familiarizarme con sus instrumentos de gestión. La apertura aún no tenía fecha asignada.

La oferta, muy atractiva, me llegó en ese momento en el que pensaba más en consolidar que en progresar. Tenía 44 años, pero me sentía con la experiencia y los recursos suficientes, y decidí afrontar el desafío. Abrimos la oficina en septiembre de 1992.

Aquel año me lo pasé viajando entre Barcelona, Sevilla y Cádiz, curiosamente las ciudades españolas que acogieron los tres eventos más importantes del conmemorativo 1992: la Olimpiada en Barcelona, la Exposición Universal en Sevilla y la Gran Regata Colón 92 en Cádiz.

Con semejantes acontecimientos no era necesario salir de España para viajar al extranjero. Si estaba en Sevilla solía cenar en la Expo, cada noche en un pabellón distinto, una especie de circuito gastronómico foráneo. Si estaba en Cádiz podía pisar suelo colombiano, chileno, ruso, venezolano, argentino, mejicano, omaní, y otros muchos: bastaba con subir a sus buques escuela.

Por si faltaran alicientes, Belén decidió comenzar en octubre del 92' sus estudios de periodismo en la

Universidad de Sevilla, y yo aproveché una de mis estancias en Sevilla para localizar un Colegio Mayor, donde se hospedaría el primer año de carrera.

En mayo de 1998, el Colegio de Economistas de Cádiz organizó un viaje a Nueva York con el objeto de asistir en Wall Street a la salida a bolsa de BBVA, con toque de campana incluido: me sugirieron que los acompañara y me sumé al grupo. El viaje, aunque motivado con una finalidad muy concreta, vino a resultar de lo más divertido, incluyendo visitas al Moma, Gugenheim, Tribeca, al Metropolitan Opera para escuchar a Placido Domingo cantar *Samson Et Dalila*, subir a las Torres Gemelas, y una excursión de dos días a Washington DC, para, a la vuelta, tras un interminable almuerzo en Baltimore, terminar atascados en Verrazzano y perder el vuelo de Iberia que nos debía llevar a casa, problema que fue resuelto unas horas más tarde con British Airways volando a Sevilla con una escala en Londres.

En enero de 2002 fui testigo, desde mi puesto de trabajo, de un acontecimiento de gran trascendencia: más de 300 millones de ciudadanos europeos empezaron a utilizar el Euro. Visto con la perspectiva que da el tiempo, me sorprendo aún de la normalidad con la que el proceso de cambio se llevó a cabo. La meticulosidad con la que se organizó, la implicación de los diversos sectores económicos y la ciudadanía lo hicieron posible.

En junio de 2003, mi tiempo como Director de Banco Sabadell se agotaba. En el sector se había normalizado prejubilar al personal con 55 años. Aclaro, para aquellos que no estén al corriente de la terminología, que prejubilar no es jubilar, sino más bien una modalidad de despido, asumida con sorprendente naturalidad.

Vino a coincidir el momento con que unos «buenos amigos» estaban tratando de localizar un gerente para una de sus empresas, se enteraron de que me prejubilaban y me ofrecieron el puesto, al pensar que mi experiencia y mi titulación académica me hacían un buen candidato. La empresa en cuestión tenía intereses en el sector sanitario y en el de residencia de mayores.

En octubre del 2003, empecé mi labor como gerente de SATE (Servicios Avanzados a la Tercera Edad). La Sociedad contaba con una Residencia para Mayores en la Urbanización Novo Sancti Petri en Chiclana de la Frontera, al tiempo que ponía en marcha el proyecto de apertura de una nueva Residencia en El Puerto de Santa María.

El reto no era menor, se requerían conocimientos muy diversos y una entrega exigente de compromiso y gestión.

Consciente de que mis conocimientos no estaban a la altura de mi responsabilidad, no había curso, jornadas o seminario relacionado con mi tarea al que no asistiera; no obstante, el mayor apoyo lo encontré en el equipo con el que hacía el camino.

El mes de abril de 2004 iniciamos las obras de construcción de la Residencia La Torre en El Puerto de Santa María, con un proyecto innovador del Arquitecto Antonio Fernández Sáenz.

A mediados de 2007 comuniqué al Consejero Delegado de SATE mi decisión de dejar mi puesto de trabajo: el motivo era disponer de tiempo libre para atender asuntos personales.

Finalizando el año 2007 el Presidente de la Fundación Octavio Comes, D. Félix Bragado Mayol, me comunicó que habían decidido adquirir el 100% de la propiedad de la Residencia para Mayores La Torre, a través de Sociedad Euroccidental de Gestión, que necesitaban un gerente y que contaban conmigo. Dadas las circunstancias mi respuesta solo podía ser afirmativa.

El 1 de marzo de 2008 firmamos el contrato, teníamos pendiente finalizar la obra, ocuparnos del equipamiento y la contratación del personal. En mayo del 2009 inauguramos la Residencia La Torre. Aportábamos como novedad en el sector contar con un Departamento de Calidad y Organización, responsable de la implantación de un sistema de gestión de calidad para su posterior Certificación.

La Fundación Octavio Comes no escatimó esfuerzos para conseguir que La Torre fuese una referencia en el sector.

Permanecí como Gerente de Sociedad Euroccidental de Gestión SL hasta mi jubilación, en agosto de 2012.

Capítulo 9

Otros mares

un recorrido por Gran Bretaña

El 5 de agosto de 1997 se cumplían nuestros primeros 25 años de casados, y, cosa rara, se me vino a la cabeza la peregrina idea de celebrarlo viajando y, como es natural, con la familia al completo. Les pedí a mis hijos que nos hicieran un regalo de aniversario especial: que nos acompañaran a un viaje en familia. Todos aceptaron con gusto y me permitieron elegir el destino. El país elegido fue Reino Unido; el destino, Escocia. La particularidad fue que les propuse ir en coche, medio poco habitual para un destino como ese. Aproveché que por aquellas fechas tenía previsto cambiar de coche, así que compré un monovolumen en el que los cinco pudiéramos viajar cómodamente.

El 2 de agosto iniciamos el viaje. En tres exigentes jornadas llegamos a Rennes, norte de Francia, capital de la región de Bretaña, a tan solo 50 kilómetros del Canal de la Mancha.

El 5 de agosto le hicimos honor a la efemérides con una cena en la plaza del Parlamento.

El 6 de agosto teníamos previsto el embarque en Cherburgo a las 22 horas, con salida a las 23.45, y queríamos aprovechar el día para visitar Saint Malo y Mont Saint Michel, y contemplar sus increíbles mareas. A media tarde ya estábamos en Cherburgo, listos para iniciar la travesía.

A la hora prevista el ferry Barfleur soltó amarras, a las 6 de la mañana del 7 de agosto atracábamos en Poole.

En aquel entonces Brittany Ferries ofrecía a sus clientes usuarios del servicio de travesía, ida y vuelta, del Canal, la posibilidad de reservar alojamiento en su amplia Red de Bed and Breakfast. Bastaba con facilitarle el recorrido que se tenía previsto realizar, gestiones que llevamos a cabo con tres meses de antelación.

Realizados los trámites pertinentes, Brittany Ferries nos facilitó una exhaustiva información que contemplaba, entre otras, cómo llegar a cada alojamiento. La primera estancia estaba prevista en Chester, frontera entre Inglaterra y Gales. De camino a Chester nos detuvimos a desayunar en Salisbury, para visitar su espléndida Catedral, y a continuación realizar la obligada parada en Stonehenge.

Tras Stonehenge acordamos parar a almorzar en Stratford-upon-Avon, cuyo principal reclamo turístico es la casa de William Shakespeare.

Tras el almuerzo, y la toma de fotos ante la estatua de tan ilustre hijo, reemprendimos el camino a Chester, donde llegamos alrededor de las 5 de la tarde.

En Chester, donde solo pernoctamos una noche, el alojamiento se ubicaba en una finca cercana a la ciudad, en la primera planta de un edificio que bien podría haber sido con anterioridad un granero, contaba con tres espaciosas habitaciones, dos cuartos de baño y un excelente mantenimiento. En un edificio anexo se encontraban las caballerizas, y algo más alejada la vivienda de los propietarios. Aprovechamos el resto de la tarde para visitar Chester, ciudad fundada como fortaleza romana, y pasear sus bien conservadas murallas. A la mañana siguiente, MME Wilcox nos invitó a desayunar en el comedor principal de su casa.

Día 8 de agosto, aún no habían dado las 10 de la mañana y ya estábamos de nuevo en ruta. Nos separaban 207 kilómetros del siguiente alojamiento, Rughriach House en Connel Argyll, donde pernoctaríamos las dos siguientes noches.

Connel es una pequeña localidad residencial, situada a 2,5 kilómetros de Oban, nuestro objetivo en esta ocasión, dado que Oban es el puerto de entrada a la Hebridas, y teníamos la intención de visitar la isla de Mull, la segunda isla por tamaño de las Hebridas Interiores, así como su capital Tobermory. El viaje es corto y de una gran belleza, Tobermory nos sedujo con su caserío multicolor. La familia Lawson, propietaria de la vivienda en la que nos alojamos, hizo de nuestra estancia en su casa un recuerdo imborrable.

El día 10 de agosto, tras el acostumbrado desayuno británico y la despedida, nos pusimos en marcha camino de Inverness, de la que nos separaban 175 kilómetros. El recorrido resultó de lo más entretenido: paso por Fort Williams, la población más cercana al Ben Nevis, la mayor elevación del Reino Unido, para continuar hacia nuestro destino bordeando el Lago Ness.

En Inverness nos alojamos en el centro de la ciudad, muy cerca del River Ness, en una vivienda propiedad de la familia Matheson, establecimiento al que llaman Ivanhoe. Llegamos al techo de nuestro viaje, 57 grados 28 minutos latitud norte. Buscamos un restaurante donde cenar y celebrar mi cincuenta cumpleaños.

Una vez tocado techo procedí a poner rumbo sur, siguiente parada Edimburgo. Habíamos reservado estancia para tres noches. Britanny Ferries nos tenía preparado para la ocasión el mejor de los alojamientos: una casa Victoriana en Dalkeith, en las afueras de Edimburgo. Nuestra anfitriona, Mrs Margaret Jarvis, le dio todo el sentido al esfuerzo empleado para llegar hasta su hogar, ese último desayuno en la amplia «kitchen» de tan hermosa vivienda, con vistas al jardín, y en tan agradable compañía, formara siempre parte de nuestra vida.

El 14 de agosto pusimos rumbo a York, a media mañana estábamos en Durham, una parada imprescindible para gozar de la visita a una de las Catedrales que más nos impresiono, románica, conocida como el Castillo de Dios, en la que destaca su espléndida biblioteca.

Continuamos nuestro camino y a primeras horas de la tarde llegamos a York. Nuestros anfitriones, Tony & Tricia Styan, nos recibieron con una copa de bienvenida en su «Comfortable Primrose Cottage», celebraban tener huéspedes españoles, ellos tenían también casa en España. Resultó casi un encuentro familiar.

El 15 de agosto realizamos el penúltimo trayecto, York – Bath. Aun contando con poco tiempo tuvimos la oportunidad de visitar los baños romanos que le dan nombre, así como su espectacular Royal Crescent, de arquitectura Georgiana.

El 16 de agosto pasamos la tarde en Poole, recorriendo su paseo marítimo, a la espera del embarque a las 22 horas, que nos retornaría al continente para regresar a Cádiz.

Un par de años después de ese viaje, Belén, que trabajaba en el Diario de Cádiz, me llama para decirme que leyera el artículo que publicaba esa mañana en el suplemento de verano del Diario, recomendando a sus lectores un viaje. El texto que había escrito comenzaba así: «Para los mejores y más atrevidos conductores de la Europa Continental, les recomiendo un viaje a Reino Unido en coche». Con esa introducción me estaba enviando un elogio encubierto y me demostraba que aquel viaje había sido muy especial para todos, no solo para mí.

Capítulo 10

Un viaje a Sicilia

Durante el viaje a New York que hice en el año 1998, en el MoMa compré un regalo para mi hermano: un cuaderno cuya portada estaba decorada con una hermosa litografía de Fernand Léger. Se trataba más bien, como mi hermano dijo, de «un libro de páginas en blanco». Entre ellas puse una hoja con la pregunta: «¿Qué haremos en el verano del 2001?»

Esta incisiva pregunta dio lugar a la organización de un viaje a Sicilia que, después de meses de planificación, realizamos los dos juntos con nuestras esposas.

Conservo maravillosos recuerdos del viaje, pero dado que mi hermano se dedicó, con esmero, a dejar por escrito el relato de aquella experiencia, qué mejor que transcribir su propio relato, ordenado día por día.

Jueves 19 de julio del año 2001

En este día, y a las cinco en punto de la tarde, llegan desde Cádiz Juan Manuel y Manoli. La primera tarea que hacemos es revisar el equipaje y comprobar su ubicación en el coche; tarea mucho más complicada e importante de lo que a simple vista pudiera parecer.

Descansamos un rato en la azotea de la casa, desde donde aprovechamos para llamar por teléfono a la familia. Salimos a la calle para hacer algunos encargos, entre ellos recoger la funda de la máquina de fotos y darnos una vuelta por el centro de Nerja. A las nueve de la noche entramos a cenar en el restaurante «La Marea», donde nos citamos con José Manuel, Marisol y Carlos. Nos acostamos sobre las once y media.

Viernes 20

Todo listo para la marcha. Después del desayuno partimos a las ocho y veinte. Hace un día espléndido. En el camino hicimos dos paradas: una en el área de servicio «La Paz», en Murcia, y otra en La Safor para almorzar. Son las tres de la tarde y nos encontramos a 58 kilómetros de Valencia.

Llegamos al puerto a las cuatro de la tarde, extrañándonos al ver atracar en esos momentos al Regal Star, el buque que nos llevaría a Sicilia.

Preguntamos en una oficina del puerto; nos advierten de que nos atenderá una chica, de nombre Antonella, que llegará sobre las seis y media. Aprovechamos ese tiempo muerto para ir a un centro comercial de Valencia, tomar horchata e intentar arreglar la máquina de fotos, a la que no le funciona el disparador, intento vano.

A las seis y media volvemos a la oficina del puerto y empezamos a ponernos nerviosos con Antonella que no aparece.

A las siete y media comienzan a descargar el buque y, por fin, a las ocho y media nos comunican que Antonella —sin cuyo concurso no podemos solucionar el embarque— ha llegado al Regal Star.

Nos advierten que el barco estará toda la noche descargando la mercancía, fundamentalmente turismos y contenedores. A las siete de la mañana podremos entrar el vehículo. Ya hemos solucionado la cena y el alojamiento en el camarote. Dormiremos en el barco, pero atracado en el puerto de Valencia.

Juan Manuel se pasa la noche en vela con la preocupación del embarque del vehículo.

Sábado 21

Nos despertamos a las ocho de la mañana. Todos, menos Juan Manuel, hemos dormido bien. Después del aseo y del desayuno, y con el tiempo justo, nos trasladamos a cubierta para disfrutar de la salida del Regal Star, cuando el reloj marca las nueve.

Día magnífico de navegación; el mar no se mueve; delfines durante la travesía. Sobre las dos de la tarde pasamos frente a la isla de Ibiza.

El servicio de restaurante es bastante bueno, aunque con la natural predilección por las pastas, que para eso viajamos en un carguero italiano. El maître, que sirve lo mismo para un roto que para un descosido, es físicamente parecido a la idea que uno tiene de un italiano; una mezcla un tanto extraña entre Vittorio De Sica y Alberto Sordi. Pelo y bigote blanco, fuma en pipa, simpático, no para de demostrar que le encanta la música. Ameniza los desayunos, almuerzos y cenas con canciones de su país. No sabemos su nombre pero nosotros ya lo hemos bautizado con el nombre de Renato, que además da mucho juego para los chascarrillos: «Renato, ponme otro plato», «Renato, aquí te pillo y aquí te mato», «Renato, espérame un rato».

A la hora del almuerzo es cuando coincidimos todos los pasajeros en el comedor; somos unos treinta aproximadamente, la mayoría camioneros. Viajamos, además, con unas chicas italianas, dos marroquíes y una joven pareja acompañada de una niña pequeña.

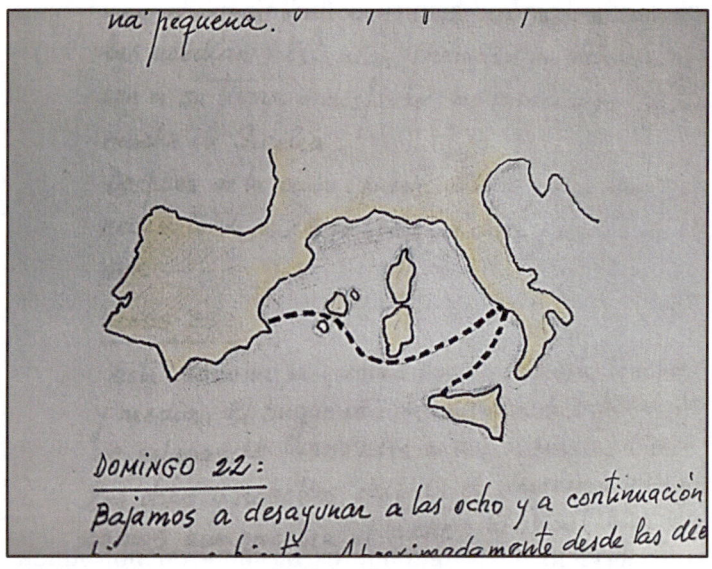

Domingo 22

Bajamos a desayunar a las ocho y a continuación subimos a cubierta. Aproximadamente desde las diez de la mañana hasta la una y media pasamos bordeando la costa sur de Cerdeña: San Pietro, Sant'Antioco, el golfo de Cagliari…

El tiempo sigue acompañándonos, aunque hoy le pedimos a Renato mantas para el camarote de Juan Manuel y Manoli porque por la noche refresca bastante.

Por la tarde hemos mantenido una conversación con las chicas italianas; son simpáticas y vienen buscando protección contra los «moscardones» que las asedian. Estudian Farmacia en Valencia y vuelven a su tierra a disfrutar las vacaciones. Hablamos mucho de Sicilia.

Después de la cena: puesta de sol y, algo más tarde, recuento de estrellas hasta las diez y media de la noche.

Lunes 23

Esta mañana, la quietud nos ha despertado a las seis y media. El buque está detenido en la bahía de Salerno, esperando turno para entrar a puerto. Atracó a las ocho y nosotros, después de desayunar, desembarcamos, aunque sin el coche. El Regal Star tiene previsto descargar y cargar mercancías hasta media tarde, y nosotros queremos aprovechar ese tiempo para ver la ciudad de Paestum, cincuenta kilómetros al sur de Salerno. Hasta ella llegamos por vía férrea.

Las ruinas griegas de Paestum están muy bien conservadas. Gran parte del material arqueológico hallado está expuesto en un magnífico museo. A unos doscientos metros del museo se encuentra el templo de Poseidón, edificio dórico con 36 columnas, y a su izquierda la Basílica, el más antiguo de los edificios de Paestum. Detrás de la Basílica, una antigua calzada nos lleva al Foro, la única columna del templo de la Paz; más alejado queda el templo de Ceres.

Una vez finalizado el interesante recorrido, almorzamos en el restaurante La Basílica, un lugar muy agradable.

A las dos y media regresamos en el mismo tren. En Salerno hacemos el recorrido a pie desde la estación hasta el puerto (unos cuatro kilómetros), con descanso para tomar café helado con nata.

Una vez en el barco, comprobamos que han cambiado casi todos los pasajeros. Nos disponemos a zarpar con rumbo a Palermo cuando son las veinte horas. Una vez en el comedor, y durante la cena, observamos que ya no es Renato el que sirve la comida. El sustituto deja mucho que desear.

Hasta las diez de la noche y en cubierta hablamos de la Bolsa, de los viajes y de las estrellas, que por cierto hoy se ven con más claridad.

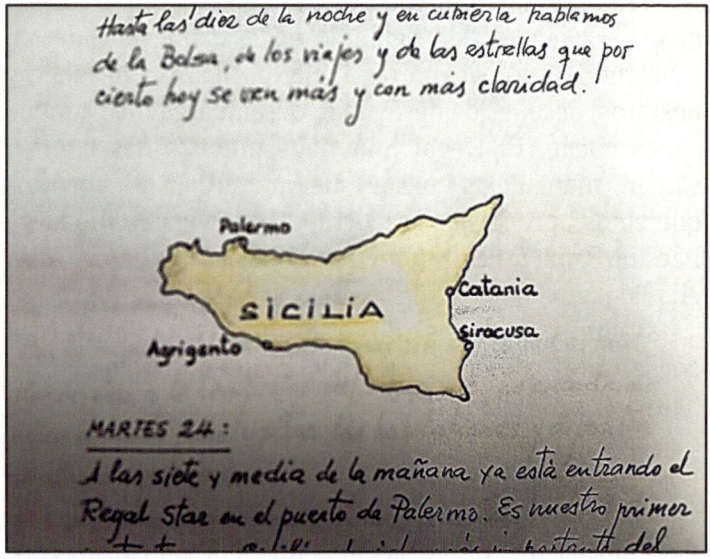

Martes 24

A las siete y media de la mañana ya está entrando el Regal Star en el puerto de Palermo. Es nuestro primer contacto con Sicilia, la isla más importante del Mediterráneo. Con una superficie cercana a los 25.500 km², es la región más extensa de Italia.

Al pie del monte Pellegrino y en una estratégica bahía en forma de media luna, se encuentra la ciudad de Palermo, que cuenta entre sus méritos el haber absorbido, sin dificultad, innumerables y diferentes culturas, pues a lo largo de su historia fue, a la vez, cristiana, musulmana, bizantina, romana, normanda e italiana. Parece una ciudad inmensa desde la bahía.

Desayunamos y bajamos al *garage*, no sin antes despedirnos de Renato, que aún continuaba con sus múltiples tareas.

Salimos con el vehículo para enfrentarnos a la gran ciudad, y lo de enfrentarse no va dicho en sentido metafórico ya que enseguida advertimos que Palermo tiene un tráfico endiablado y caótico.

Con la ayuda del plano llegamos sin dificultad al hotel donde, pese a lo temprano del «aterrizaje», no encontramos inconveniente para visitar las habitaciones y depositar en ellas el equipaje.

A las nueve de la mañana salimos a visitar la ciudad. En la Plaza Giotto sacamos billetes para el autobús en un quiosco de caramelos.

Llegamos al centro y visitamos la Catedral y la Basílica Palatina, construida por Roger II en 1132, cuyo interior está cubierto de extraordinarios mosaicos y coronado por un espléndido artesonado árabe. Asimismo, admiramos el interior del impresionante Teatro de la Ópera Verdi.

Almorzamos en un restaurante cercano al teatro y regresamos al hotel a descansar. Por la tarde-noche, nos volvimos a reunir para la cena.

Miércoles 25

Temprano, como acostumbramos, tomamos el coche para salir fuera de la ciudad. Vamos a visitar Monreale, Segesta y Selinunte; tres lugares que sorprenden por su extensión y sus monumentos.

Monreale está situada a unos diez kilómetros al suroeste de Palermo; su impresionante catedral está profusamente decorada con mosaicos que ilustran escenas del Antiguo y Nuevo Testamento.

En la misma dirección, pero a ochenta y cinco kilómetros, se encuentra Segesta, donde, en la ladera de una colina, se halla uno de los más impresionantes y mejor conservados templos griegos del mundo. Fue comenzado en el siglo V antes de Cristo, pero nunca llegó a terminarse.

Siguiendo por la carretera general y pasando por Castelvetrano, se llega a Selinunte, donde hay un extraordinario conjunto de templos griegos. El conjunto se asienta sobre una colina y constaba originalmente de siete templos, pero de ellos, solo uno se mantiene en pie. Fundada en el siglo VII a.c., Selinunte llegó a ser rival de Segesta.

Bajamos a almorzar a la orilla del mar, en un curioso chiringuito llamado «La Scogliera de Pietro». Yo, al no encontrarme bien del estómago, pedí a tientas una «souppa» que me imaginaba como una sopa de pescado, caliente y reparadora; la sorpresa fue mayúscula cuando llegó un descomunal plato de mejillones… El no dominar idiomas tiene estos inconvenientes.

A las cuatro regresamos al hotel por una carretera distinta, que nos lleva sin dificultad hasta el Holiday Inn.

Cenamos por la noche en una elegante trattoria cerca del hotel. El camarero que nos atiende es un tanto sorprendente y maleducado. En las paredes del local hay adornos de carros típicos sicilianos y fotografías de diversos personajes, entre las que se repite la de Salvatore Giuliano.

Jueves 26

Hoy visitamos Agrigento, y muy especialmente el Valle de los Templos; convinimos en lo desorganizado que se encuentra este entorno impresionante.

Los griegos la llamaron Akragas cuando la poblaron en el año 580 a.C. Se enriqueció gracias al comercio con Cartago. La ciudad estuvo sometida también a romanos, árabes y normandos.

Aquí nació el filósofo griego Empédocles y, más modernamente, el dramaturgo Luigi Pirandello.

En el Valle de los Templos visitamos el Templo de Hércules, el más antiguo de Agrigento; el Templo de la Concordia, uno de los ejemplos dóricos mejor conservados del mundo; el Templo de Juno, desde donde se contempla una extraordinaria vista del valle; el Templo de Júpiter, sin duda el mayor templo de Sicilia; el Templo de Cástor y Pólux, cuyas cuatro columnas se han convertido en símbolo de Agrigento.

El almuerzo lo hacemos en Puerto Empedocle, en un restaurante cerca de la playa. No estuvo mal el resultado, aunque llegamos a la conclusión de que al camarero — bajito, entrado en años, de piel negruzca, picado de viruelas— le hacía falta una urgente ortodoncia.

Por la tarde-noche volvimos al hotel y cenamos de lo más frugal: melón con jamón.

Viernes 27

Partimos hacia Siracusa, una de las ciudades clave de nuestro recorrido por Sicilia, pero antes paramos en Piazza Armerina, un pueblo barroco con una villa romana muy bien conservada: la villa imperial romana de Casale. Consta de cuatro grupos de edificios a diferentes niveles. Se supone que fue pabellón de caza del emperador Maximiano Heraclio en el siglo IV d.C.

Sus mosaicos, que se encuentran entre los mejores del mundo romano, dan una idea de la importancia de la obra.

Llegamos al mediodía al hotel y, a continuación, salimos en busca del almuerzo, que hicimos bastante tarde. Había pasado ya de las tres de la tarde cuando, desesperados, aterrizamos en un bar donde, al son de música bacalao, saciamos el apetito.

Toda la tarde nos la pasamos paseando por esta bellísima ciudad, aunque muy deteriorada en sus edificios, calles, barandas y murallas.

La ciudad fue fundada en el 734 a.c. por colonos griegos, y pronto rivalizó y superó a Atenas. Siracusa llegó a ser la mayor y más rica ciudad-Estado de la Magna Grecia. Rivalizó y superó a Atenas. De Siracusa fueron Esquilo, Píndaro y Arquímedes.

El Corso Umberto conduce al puente que une con la isla de Ortigia, un bonito puerto pesquero bordeado de restaurantes y heladerías.

Ortigia tiene dos plazas principales: la Plaza Arquímedes y la Plaza del Duomo. La primera luce en su centro una fuente espectacular, utilizada como fondo para los reportajes fotográficos de los recién casados. La Plaza del Duomo, sede de la catedral y a pocos metros de la anterior, es una de las más bellas de Italia.

Terminamos el día tomando helado en una tranquila «gelateria» de la Plaza Arquímedes.

Regresamos andando al anochecer hacia el hotel, del que nos separa más de media hora de camino.

Sábado 28

Después del desayuno partimos hacia la ciudad de Taormina. Son las ocho y media. El día está caluroso, con el agravante de que tenemos que atravesar Catania, donde el Etna —actualmente en erupción— está dejando la zona con altas temperaturas, fuertes olores y una molesta neblina.

No obstante, y a pesar de las dificultades, encontramos hueco para la fotografía.

En Taormina hay que dejar el auto en un aparcamiento cercano a la ciudad, desde donde tomamos el transporte público gratuito que brinda el municipio.

Taormina es uno de los pueblos más bonitos que hemos visto hasta ahora. Perspectivas impresionantes y maravillosas vistas de la costa. La vista del mar y del Etna desde sus acantiladoses una verdadera estampa.

Los griegos procuraban encontrar emplazamientos espectaculares para representar sus obras dramáticas, como se aprecia en el teatro griego de Taormina. Fue construido en el siglo III a.c. y reconstruido por los romanos en el siglo II a.c.

La calle principal de la ciudad es Corso Umberto, llena de elegantes boutiques, tiendas de antigüedades y cerámica. En sus pastelerías, los famosos mazapanes que simulan cestos de frutas.

Hemos almorzado en un interesante restaurante con vistas inmejorables.

A la salida, llamamos a casa donde se les nota preocupados por el volcán.

Volvemos a Siracusa para descansar un rato. Juan Manuel y Manoli se han ido al centro en busca de un enchufe para la plancha.

Con ellos nos vemos a las ocho de la tarde en la misma «gelateria» de ayer.

Domingo 29

Todo lo interesante que hoy tenemos que ver en Siracusa está a tan solo trescientos metros del hotel: el Parque Arqueológico.

A las diez ya estábamos visitando el colosal teatro griego, el anfiteatro romano —que se prepara para el espectáculo de esta noche—, la famosa Oreja de Dionisos y, en la necrópolis, la tumba que se supone pertenece a Arquímedes.

Partimos a continuación hacia Notto, situada a 30 kilómetros al sur. Hicimos un breve pero intenso recorrido a pie por sus calles, admirando sus monumentos.

Almorzamos en una trattoria cuyo dueño habla español porque —según nos dice— está casado con una maña de Zaragoza.

A media tarde regresamos a Siracusa para tomar el obligado gelato y recorrer por última vez sus calles y plazas.

Lunes 30

Partimos de Siracusa y, como son muchos los kilómetros que tenemos por delante hasta llegar a Caserta, nos levantamos a las seis de la madrugada para coger el primer turno de desayuno.

Pasamos sin dificultad los trámites para tomar el barco que nos conducirá a la península; la travesía del estrecho de Messina la hacemos en treinta y cinco minutos.

Después de solventar un breve atasco a la salida del buque, emprendimos la marcha. Día de calor tormentoso, lo que provocó dos o tres intensos chaparrones durante el camino.

Paramos a descansar dos veces en sendas áreas de servicio. Sobre las cinco de la tarde, llegamos a Caserta.

El Hotel Holiday Inn, que se encuentra entre la estación de tren y el grandioso Palacio Real, fue muy fácil de encontrar.

Salimos por la tarde a dar una vuelta por la ciudad, y nos sorprendió la enorme dificultad para encontrar un restaurante para cenar. Al fin lo hicimos en un pub-mesón donde nos improvisaron una cena.

Martes 31

Siempre encontramos una excusa para madrugar. Hoy nos levantamos temprano porque tenemos previsto visitar Pompeya y Nápoles. Nos dirigimos andando a la estación, que como ya dije, la tenemos prácticamente a la vuelta del hotel.

Tomamos el tren que va directo (bueno, lo de «directo» es un decir) a nuestro destino. Llegamos a las nueve y, junto a dos excursiones organizadas, somos los primeros en entrar al recinto por Porta Marina, llamada así porque mira al mar.

La antigua Pompeya era mucho mayor que Herculano; fue un activo puerto comercial con una población cercana a los veinte mil habitantes.

En el año 80 a.c., el general romano Sila convirtió esta ciudad en colonia romana, donde los patricios escandalizados se refugiaban del trasiego de la vida urbana.

Aunque esperábamos más, Pompeya es impresionante.

Después de la visita, tomamos el tren hacia Sorrento, con música incluida que nos animó el pequeño trayecto.

Sorrento está al otro lado de la bahía, a cincuenta kilómetros de Nápoles por la autopista. La línea férrea «Circumvesuviana», que para en Herculano y Pompeya, facilita la conexión.

Hasta mediados del siglo XX fue una pequeña estación balnearia frecuentada por aristócratas y artistas, entre ellos Ricardo Wagner, uno de sus más rendidos admiradores.

Almorzamos en el puerto, junto a un embarcadero de barcos de recreo.

Estamos muy cansados, y a Manoli se le ocurre la feliz idea de tomar un catamarán hasta Nápoles, en lugar de volver sobre nuestros pasos hasta la alejada estación. Como las buenas ideas son acogidas, eso hicimos.

Nápoles tiene una de las bahías más hermosas del planeta. A pesar de su mala fama, hicimos un extenso recorrido a pie desde el Castel Nuovo hasta la Plaza del Municipio, que mira al puerto.

El calor arrecia. El termómetro marca treinta y seis grados, aunque la sensación es de más.

Llegamos a la estación a las cuatro de la tarde y regresamos a Caserta en tren.

Salimos a cenar fuera. Esta noche hemos encontrado con facilidad un buen sitio, fruto de las pesquisas de Juan Manuel y Manoli durante su paseo por la ciudad.

Miércoles 1 de agosto

Esta mañana partimos hacia Roma con un tiempo en principio apacible, aunque poco a poco el calor fue dejando notar su peso.

Durante el recorrido recibimos desde Granada la llamada de Francisco Cardona, dándonos la noticia de la venta de la autocaravana y apremiándonos a que le enviáramos un documento. Gracias al móvil, nos ponemos en contacto con la casa y José Manuel queda en enviarle el recibo, si el caso lo requiere.

Nos detenemos en un área de servicio sobre la autopista y almorzamos en un restaurante suspendido sobre ella.

Cuando a media tarde llegamos al hotel, nos comunican que hay un servicio gratuito de autobús para desplazarse a Roma, pero, al no interesarnos el horario, optamos por ir en coche.

Lo dejamos en unos aparcamientos subterráneos junto a la Plaza San Pietro, en el Vaticano.

Desde aquí nos ponemos en marcha para patearnos la ciudad: Castillo Sant'Angelo, Plaza Navona, Fontana di

Trevi, el Panteón, Plaza de España, Via Condotti… En seguida nos damos cuenta, aunque ya lo sabíamos, de que dos días apenas bastan para un reconocimiento muy superficial de esta ciudad.

Volvemos al aparcamiento y tomamos de nuevo el coche. Pero, por si el día no había sido lo suficientemente completo, ascendimos por el Gianicolo para admirar desde su cima la extraordinaria panorámica de Roma. Desde aquí nos dirigimos a un pequeño restaurante frente al Coliseo.

La vuelta al hotel, ya de noche, fue un poco accidentada, puesto que nos perdimos. Gracias a la habilidad del conductor y al sentido de orientación de los copilotos, retomamos el buen camino.

Jueves 2

Volvemos de nuevo a la Plaza de San Pedro y aterrizamos directamente en el Vaticano. En ningún sitio como en este el poder se siente tan cerca.

Entramos en la Basílica de San Pedro, considerada el mayor templo de la cristiandad. Las cifras impresionan: 15.000 m² de superficie, una cúpula que se alza a más de 130 metros de altura. Cinco de los más grandes artistas de Italia —Bramante, Rafael, Peruzzi, Antonio Sangallo el joven y Miguel Ángel— trabajaron en su construcción. Miguel Ángel diseñó la cúpula, aunque sus planes fueron modificados tras su muerte.

La capilla que nos encontramos a la derecha encierra la «Piedad» de Miguel Ángel; impresionante, asimismo, el baldaquino de Bernini sobre el altar mayor.

A continuación, nos dirigimos a los Museos Vaticanos, que se encuentran a mano izquierda al salir de la plaza. En realidad, constan de una colección de edificios independientes que albergan algunas de las obras maestras del arte mundial.

Es cierto que los Museos Vaticanos son mucho más que la Capilla Sixtina, pero después de más de hora y media andando entre pasillos, a todos nos pareció excesivo el recorrido hasta llegar a ver los frescos de la Capilla.

Una vez en la calle, y con los pies molidos por la caminata, optamos por subirnos a un autobús turístico, desde donde durante más de dos horas recorrimos los puntos más interesantes: los monumentos más 84m portantes, las más bellas plazas y sus fuentes.

Algunas cosas ya las habíamos visto ayer, pero otras —como el Arco de Constantino, la Columna de Trajano, el monumento a Vittorio Emanuele II, el Palazzo del Quirinale, etc.— las veíamos hoy por primera vez.

El viaje de regreso al hotel ha sido mucho más fácil.

Viernes 3

La ciudad de Siena, a la que acabamos de llegar, fue fundada por Augusto hacia los años del nacimiento de Cristo y está a 68 kilómetros al sur de la que, históricamente, ha sido siempre su gran rival: Florencia. La hemos visitado esta mañana; muy interesante su plaza mayor, llamada del Campo, considerada una de las más bellas del mundo por su forma de abanico. En la parte superior de la plaza está la Fonte Gaia.

Dos veces al año, el 2 de julio y el 16 de agosto, se celebra el famoso Palio, una carrera de caballos en la que compiten los 17 barrios de la ciudad.

El Duomo de Siena es, sin duda, una de las más bellas catedrales góticas de Italia; fue terminado en el siglo XIV.

Finalizada esta rápida visita, almorzamos y, a primera hora de la tarde, partimos hacia Florencia, de la que nos separaba una hora de viaje.

El hotel de Florencia es el «Boscolo Astoria», asentado en lo que fue el antiguo palacio Gaddi, un edificio del barroco florentino en pleno centro de la ciudad.

Salimos a recorrer el corazón de Florencia y acabamos cenando en la Plaza de la Signoria, después de pasear por la plaza del Duomo y el Puente Vecchio.

Sábado 4

El Renacimiento nació en Florencia, lo que explica que esta ciudad sea uno de los mayores tesoros artísticos de Europa.

La ciudad de Florencia estaba en constante contienda con otras ciudades toscanas como Pisa y Siena. Esta competencia explica por qué su catedral, símbolo de la ciudad, es tan inmensa.

El corazón histórico es la Plaza del Duomo. La catedral, que visitamos a primera hora, es la cuarta más grande del mundo. Enfrente del Duomo se encuentra el Battistero octogonal, una de las más bellas obras del románico italiano. Destacan especialmente sus puertas de bronce renacentistas, decoradas por Lorenzo Ghiberti.

El campanario de Giotto (siglo XII) se alza a la derecha de la catedral, aunque la verdadera joya es la cúpula de Filippo Brunelleschi. Si mérito tuvo Brunelleschi construyendo esta soberbia cúpula, no es desdeñable el mérito de quienes, como nosotros, culminamos la hazaña de subir los 463 peldaños hasta la cima, desde donde se contempla una magnífica panorámica.

A continuación, visitamos la Galleria dell'Accademia, que alberga una notable colección de pintura florentina, aunque su principal atractivo es la colección de esculturas de Miguel Ángel, entre las que destaca el David original, que fue trasladado allí en 1873 desde la Piazza della Signoria.

También visitamos la iglesia de Santa Croce, cuyo interior es célebre por las tumbas de figuras como Miguel Ángel, Galileo Galilei, Nicolás Maquiavelo, Lorenzo Ghiberti, Dante Alighieri, Giacomo Rossini, entre otros.

Por la tarde, mientras nosotros nos fuimos a descansar al hotel, Juan Manuel y Manoli visitaron la Galería de los Uffizi, que nosotros ya conocíamos.

Quedamos a las ocho de la tarde y, como el día anterior, cenamos en la Plaza de la Signoria; cena amenizada esta vez por dos artistas jóvenes, una cantante y una violinista.

Domingo 5

Salimos de Florencia hacia Nimes, con 690 kilómetros por delante. Llegamos sobre las cinco de la tarde y encontramos fácilmente el hotel Imperator, donde nos alojamos y descansamos un rato.

Dimos una vuelta por la ciudad, que ya conocíamos: el Templo de Diana, la Maison Carrée ("la casa cuadrada") y el anfiteatro de Les Arènes, con capacidad para 21.600 personas sentadas. Pocas ciudades francesas han conservado lazos tan visibles con su pasado romano. Hoy es el aniversario de bodas de Juan Manuel y Manoli. Nos invitaron a una cena fuera de lo común, en un lugar fuera de lo común: al aire libre, frente a Les Arènes.

Esta noche comenzamos a sentir, muy a nuestro pesar, que este viaje está llegando a su fin.

Mañana partiremos hacia Barcelona.

Lunes 6

Después de un extraordinario desayuno en el jardín del hotel, emprendemos el viaje con destino a Barcelona. El día se avecina caluroso. Después de parar en la última área de servicio francesa, «Le Village Catalan», seguimos la ruta, ya directo, hacia la capital catalana.

Dar con el hotel, situado a las afueras de Barcelona, no fue fácil. Tuvimos que ayudarnos comprando un plano tamaño natural de la ciudad.

Una vez instalados y tras descansar unos instantes, bajamos en metro y paseamos por Barcelona.

Cenamos frente a la catedral.

Martes 7

Hoy damos el viaje por terminado.

La última parte del recorrido la hacemos hasta Madrid, donde aprovecharemos un par de días para ver a nuestros hijos, hacer algunos encargos y recuperar energías antes de volver definitivamente a casa.

El balance no puede ser más satisfactorio, por todo lo que hemos visto y por cómo lo hemos podido ver; por todo lo que pudimos aprender y aprendimos; un viaje atrevido, donde desde la organización hasta la buena fortuna –que también contó– han jugado su papel necesario.

Una experiencia, en fin, inolvidable, que tal vez algún año merezca la pena repetir.

Capítulo 11

Tiempo de jubilación

porque aún se puede

El bien más preciado que nos aporta la jubilación es el tiempo, si bien es cierto que viene acompañado de una importante tarea, llenarlo.

Mi afán viajero tenía reservada para la ocasión tres tareas, dos muy marineras, el Báltico en Europa y Magallanes en América. La tercera tenía por objetivo un recorrido por Centro Europa, que los periodos vacacionales y/o la lejanía nos habían impedido compaginar con el trabajo.

El 13 de mayo del 2013, Manoli y yo, embarcamos en el Puerto de Bilbao, destino Estocolmo, con escalas en Brest, Southampton, Ijmuiden, Copenhague, Tallin, San Petersburgo y Helsinki. Una experiencia multicultural, con el gran atractivo, para mí, de navegar el Canal de la Mancha, el Paso de Calais, y los estrechos Skagerrak, Kattegat y Oresund.

Este tipo de cruceros, poco habituales, que las compañías navieras suelen llamar de posicionamiento, se programan coincidiendo con los traslados de los navíos, cuando estos cambian de hemisferio, de ahí la fecha. La vuelta a casa la hicimos desde Estocolmo por vía aérea.

El 27 de enero de 2015, a las 00:20 nos subimos en Madrid al avión de Iberia que nos trasladaría a Santiago de Chile. Nos hospedamos en el hotel Plaza San Francisco, cerca del Palacio de La Moneda, para una estancia de tres noches. Aprovechamos la estancia en Santiago para acercarnos a Valparaíso, contemplar su abigarrado caserío y visitar La Sebastiana, residencia que fue de Pablo Neruda.

El día 30 de enero tomamos en Santiago, a las 11:30, el vuelo de Lan-Chile que nos llevaría a Punta Arenas, donde pernoctamos una noche, en el Hotel Cabo de Hornos.

De las tres ciudades visitadas en Chile, fue Punta Arenas la que nos causó mejor impresión, en especial su nivel de conservación, su limpieza y sus cuidados jardines.

El 31 de enero de 2015 embarcamos en Punta Arenas, Estrecho de Magallanes (Chile), para realizar un crucero de expedición por los canales patagónicos, canal de Beagle, Avenida de los Glaciares, Canal Murray, Canal Gabriel y Canal Ballenero entre otros, con desembarco en los glaciares Marinelli y Pía. El 3 de febrero de 2015, tras cruzar la impresionante Bahía Nassau, fondeamos frente a Cabo de Hornos, 55º Sur, 67º W, en la confianza de que las condiciones climáticas nos iban a permitir desembarcar.

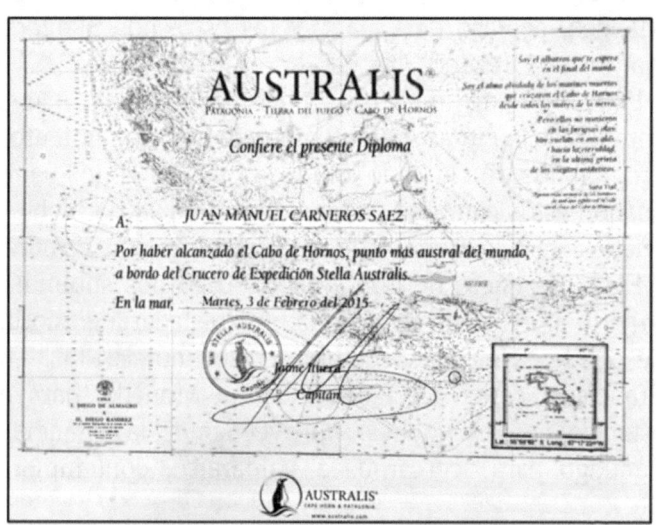

En la contratación del viaje ya la Compañía Naviera advierte que pisar Cabo de Hornos no es un compromiso, sino un privilegio. Finalmente pisamos Cabo de Hornos, un privilegio. Tras la vuelta al barco, almuerzo a bordo, rumbo a Bahía Wulaia, que aún conserva vestigios de los habitantes originales de la zona. La expedición llegaba a su fin.

En la mañana del 4 de febrero desembarcamos en Ushuaia (Argentina).

Pernoctamos una noche en Ushuaia, Hotel Cilene del Faro, lo que nos permitió conocer la ciudad, y disfrutar el placer de paladear una crema de centolla fueguina.

Tras Ushuaia volamos a Buenos Aires, con estancia prevista de cuatro días en el NH Buenos Aires FLORIDA, tiempo que aprovechamos para visitar La Colonia del Sacramento (Uruguay), así como El Tigre, sorprendente localidad cercana a Buenos Aires, en el delta del Paraná.

No podíamos retornar sin visitar Iguazú. Dos noches en el hotel Panoramic, con la confluencia del Iguazú y el Paraná ante nosotros, y las impresionantes cataratas, justificaban el esfuerzo.

El 10 de agosto de 2017 se cumplían 7 décadas de mi llegada al planeta, y que mejor que señalar el acontecimiento con una visita al "TOP OF EUROPE".

Nos pusimos en marcha desde Madrid, utilizando como medio de transporte nuestro coche. Primera etapa Vitoria, en el País Vasco, segunda etapa Clermont-Ferrand, tercera etapa Turín y sus museos, cuarta etapa Verona, coincidiendo con el Festival de Opera, aprovechamos para ver Tosca en la Arena. Tras bordear el lago di Garda y superar El Paso del Brennero, llegamos a Innsbruck, quinta etapa del recorrido, para pernoctar tres noches en el Hotel Mondschein, a orillas del Inn. Tanto la ciudad como su entorno justifican sobradamente la visita, imprescindible la subida al Nordkette en teleférico. La sexta etapa nos llevaría a nuestro destino, el Seehotel Sternen en Horw, a las orillas del lago de Lucerna, que fue nuestro alojamiento los siete días que permanecimos en Suiza, uno de ellos dedicado a, desde Interlaken, subir al Jung Frau (top of europe) en su sorprendente tren. Desde la terraza de nuestra habitación contemplábamos, si la climatología lo permitía, la cima del Pilatus, también accesible en un tren cremallera, a cuyo atractivo no nos pudimos resistir, la vista del lago de Lucerna desde la altura una auténtica gozada.

Capítulo 12

Reflexiones

El sinónimo más utilizado para la palabra viajar quizás sea «hacer turismo». No muy acertado teniendo en cuenta que el turismo se relaciona con el ocio y viajar se suele hacer por muy diversos motivos y diversos modos. Por cierto, ocio no es sinónimo de placer.

El sinónimo más utilizado para aventurarse puede que sea arriesgarse (poco afortunado y desmotivador). Prefiero atreverse.

Tengo muy claro que en la mochila del viajero no deben faltar ni la prudencia ni el sentido común. Prudencia, sinónimo de precaución; sentido común, sinónimo de conocimiento.

Aristóteles, allá por el siglo III B.C., dejó por escrito información que puede ayudarnos a manejar el timón, sople de donde sople el viento:

«El pensamiento condiciona la acción,

La acción determina el comportamiento,

El comportamiento repetido crea hábitos,

Los hábitos estructuran el carácter,

La manera de pensar, ser y viajar,

(nota: viajar es actuar desplazándose)

Y el carácter marca el destino».

Yo, que he hecho de viajar un hábito, como si fuera una actividad deportiva, no dejo pasar ninguna oportunidad que me permita practicar. Portugal (y no solo por su cercanía), es uno de mis habituales lugares de entrenamiento, desde el Guadiana al Miño, destacando los lugares donde van a desembocar tres ríos Ibéricos, nacidos en España.

El Tajo, el más largo de ellos, que cruza de este a oeste una buena parte de la península en busca de la señorial Lisboa, la de las siete colinas, para convertir el Mar de la Paja y su entorno en «Puerto Seguro».[5]

El Duero, Machadiano y más, que, tras regar las prodigiosas vides de sus riberas, se engalana de puentes en Oporto antes de llegar al mar.

El Limia, el mitológico rio del Olvido, que se hace Gigante en su desembocadura para embellecer aún más Viana do Castelo.

---

[5] Según algunos Lisboa fue fundada por Ulises, y debe su nombre a Olissipo, palabra que tiene su origen en las fenicias «Allis Ubbo», que significan Puerto Seguro.

Plegaria Flamenca

Te pido a ti Luna mía
Volver atrás en el tiempo,
Donde dejé la Alegría,
La Soleá y los Tientos,
Seguiriyas y Fandangos,
Los cantes por Bulerías
Y el consuelo de los Tangos,
Si puedes llévame tú,
Que no pasa un solo día
Que no eche de menos su luz,
Y aunque algunos no me crean
Echo de menos sus vientos
Y el vaivén de tus mareas.

J.M

Índice